시인 이강숙의 시작 50선
다음 세대를 위한 길잡이

CNB
5501

세 번째 나무계단

The Third Wooden Stair

이 강 숙 Kangsook Lee

Translated by

Adrianne M. Mascho

Candace Yun

2017년

교회와성경

The Church & Bible Publishing House

장미 @ 이강숙

CNB 5501

세 번째 나무계단
The Third Wooden Stair

by Kangsook Lee
Translated by Adrianne M. Mascho & Candace Yun
Published by The Church & Bible Publishing House

ⓒ 2017 Kangsook Lee
SEOUL, KOREA

초판 인쇄 2017년 12월 6일
초판 발행 2017년 12월 11일

발행처 ㅣ 교회와 성경
주소 ㅣ 경기도 평택시 특구로 43번길 90
전화 ㅣ 031-662-4742
등록번호 ㅣ 제2012-03호
등록일자 ㅣ 2012년 7월 12일
발행인 ㅣ 문민규
지은이 ㅣ 이강숙
편집주간 ㅣ 송영찬
편집 ㅣ 신명기

총판 ㅣ (주) 비전북출판유통
주소 ㅣ 경기도 고양시 일산구 장항동 568-17호
전화 ㅣ 031-907-3927(대) 팩스 031-905-3927

ISBN   978-89-98322-18-2   03230
Printed in Seoul of Korea

세 번째 나무계단

The Third Wooden Stair

지은이 | **이강숙** Kangsook Lee

    작가는 순천만에 있는 와온 마을 앞바다를 유달리 좋아한다. 예사롭지 않은 와온 마을 바닷가는 화려하지 않지만, 마치 시골에서 자주 만날 수 있는 이웃집 어머니 같은 분위기를 연출한다. 그러면서도 사시사철 색깔을 달리하는 칠면초로 단장하는 세련미도 가지고 있다. 이 모습들은 작가의 시 세계를 잘 보여주고 있다.

    그래서인지 작가의 50선 시집 『세 번째 나무계단』은 오랜 시간에 걸쳐 솔섬이 보이는 와온 앞바다의 풍경과 닮아 있다. 낮이든 밤이든 어느 때든지 품을 열고 맞이해 주는 와온 바다처럼 작가의 글들은 언제나 활짝 열려 있다.

    「문학시대」로 수필 등단한 작가는 현재 문학동인지 「시와 산문」의 동인, 순천문인협회 회원, 한국문인협회 회원으로 활동하고 있으며, 다음 세대의 젊은이들에게 꿈과 희망을 심는 일에 전념하고 있다.

She likes Waon beach in the gulf of Suncheon, Korea. It looks humble, but it comforts her like the lady next door who we meet sometimes. However, it has the elegance of east Asian seepweed flowers, which change their colors every season. Her poems have the same aspect.

So, in this collection of 50 selected poems, "The Third Wooden Stair" resembles the landscape of Waon beach which faces Solseom Island. Her writing is always open, like Waon beach which is welcoming us day and night.

She started her literary career with her winning essay in the "Munhaksidae", and she is a member of the Literary Coterie of Poetry and Essay, the Suncheon Literary Association and the Korea Literary Association. Also she is dedicated to providing dreams and hope to the next generation.

Email : lksss2000 @ hanmail.net

산속 야생화 _ 프리저브드 플라워, 2017 @ 최삼랑

머리말

1.

글이란 나에게 그림자와 같다. 언제나 나의 생각은 글로 표현되었기 때문이다. 물론 아름다운 글이거나 잘 쓰는 글이어서가 아니다. 다만 나를 담아내는 그릇처럼 때로는 둥글게 때로는 네모나게, 가끔은 모가 나는 그릇일 때도 있다. 그 그릇 모양에 따라 그림자가 드리우기도 하고, 햇살이 빛나면 안개처럼 사라지는 일도 있었다. 이렇게 긴 시간 그려진 마음들이 조롱조롱 엮어지고 내 삶의 그릇으로 빚어졌다.

2.

어린 시절 시골 마당에 멍석을 깔고 누워 하늘을 바라보면 밤하늘 가득 수놓은 별들이 보였다. 너무 멀어 눈곱만하게 보여도 하늘 가득한 별들을 바라보는 것이 지루하지 않았다. 밤하늘의 별들을 다 셀 수 없어도 여전히 잠들지 못 할 때 숫자놀이를 하는 것처럼 다 채울 수 없는 글들이 이어져간다.

3.

서울을 떠나 순천에서의 삶은 나에게 보석이었다. 도전과 열정이 멈추지 않던 삼 사십대와 서투름이 익숙함으로 익어가는 오십대를 보낸 순천은 두 번째 고향이다. 풍광이 빼어난 그곳에서 꽃 비 물안개 눈 물결 햇살 노을 갯벌 갈대 하늘 바람 바다 그리고 많은 친구들을 만났다. 누구든 어떤 것이든 만나면 친구가 되어 속살거리고 미소 지으며 마음을 나누었다. 이 이야기 속에는 아파하던 시간도 소중한 보석이 되어 빛나고 있다.

4.

이 모든 일들은 하나님께서 예정하시고 누리게 하심이 분명하다. 또한 흩어져 있던 퍼즐 조각을 모아 값진 한 편의 역사로 만들게 된 것은, 알맹이를 모두 다음 세대에게 내어주고 우리 세대는 껍데기로 살아도 만족하다는 가르침에 따른 일이다. 그 어느 하나 간섭하시지 않는 일이 없으시니, 믿음의 굳건함을 유산으로 물려주라는 가르침도 이어지길 바라는 마음이다.

아울러 이땅에 어머니라는 이름으로 살아가는 모든 분들과 함께 위로와 기쁨을 나누고 싶다.

2017년을 보내며 인수봉 아래에서
다시 서울로 돌아온 섬진강 모래알

1.

Writing is like a shadow to me. My thoughts are always expressed in my writing. It's not because it's beautiful or great, of course. My writing is round, square and sometimes sharp, like a bowl which contains me. Depending on the shape of the bowl, it casts a shadow and disappears when the sun shines. Like this, my heart is woven and made into my life's bowl.

2.

When I was a kid, I lay on the straw mat in the country yard and observed numerous stars in the sky. I still count them when I can't fall asleep. Even though I know I can't count all the stars, my writing goes on.

3.

After leaving Seoul, my life in Suncheon has been priceless. Suncheon is my second hometown where I spent my challenging and passionate 30's and 40's and ripening 50's. I met flowers, rain, wet fog, snow, waves, sunshine, twilight, tidal plats, reeds, sky, wind and many friends in scenic Suncheon. Smiling, I shared my heart and chatted with anyone I met along the way.

4.

That the Lord plans out all things and lets us enjoy them is obvious. Shattered puzzles are solved and turned into a precious history. It's because we follow that lesson that we give seeds to the next generation and are satisfied with living as a seed husk. He doesn't interfere with us at all. The lesson that we inherit is a solid faith. In addition, I would like to share my consolation and delights with other mothers on this land.

Beneath the Insubong Peak, Living in 2017
'A grain of sand on the 'Seomjin' River' returned to Seoul

흐름 @ 조내화

기다림이 없는 기다림을 바라는 여인

조내화 _ 시인

여기에 한 여인이 서 있다. 요란하지도 특별하지도 않은 반백의 연약한 여인일 뿐이다. 순천만 갈대숲에서 쇠울음을 삼키고, 와온 바닷가에서 스스로를 잠재우는 법을 배웠을 뿐이다.

하지만 갈대의 억셈도 온통 배어있고, 속삭이는 물결로 바위를 부수는 강인함도 가슴 속에 품었다. 서울에서 출발해 순천을 거쳐 다시 서울로 회귀한 여정과 궤적들이 표현해 주기를 고대하고 있다. 세월의 굴곡을 하얀 외침으로 모아 가슴으로 녹여 결정을 만들어 한 글자 한 글자 세상에 풀어냈다.

새침데기 시절, 생활 전선에서 디자인에 열중하며 삶의 끈을 이어 가기 위해 보냈던 시절. 어쩌면 지금의 강인한 여자로 성장한 기틀이었을 것이다. 또한 부모님과 가족들에 대한 책임을 어깨에 올리는 시간이었으리라.

'세상은 베푼 만큼 받으리라' 는 어리석은 믿음으로 돌덩이 같은 자식을 들쳐 업고 아파트 분리수거함을 정리했던 것은 보이지 않는 관계에 대한 봉사로 어머니로서의 자식을 위한 사랑의 표증이었고, 정성을 다한 학교생활의 뒷받침은 자식에 대한 믿음이었고 스스로에 대한 믿음이었을 것이다.

모두를 위해 자신의 모든 것을 내어 주면서 자신을 위해서는 겨우 손톱만큼의 여유를 부려 한 자 한 자, 한 줄 한 줄 써 내려갔을 그의 진정은 가족에 대한 고마움, 주를 향한 감사함이다. 한 뼘만큼의 불만도 스스로 자신 속으로 끌어들이고, 오로지 자신에게 맡겨진 운명을 새겨 놓았다.

사랑하는 사람이 삶의 끈을 놓지 못하고, 남겨진 사람들에 대한 고마움 그리고 미안함을 보일 때 그녀는 오히려 담담함으로 이겨내곤 했다. 끝이 보이는 길을 가고 있는 사람의 두려움을, 아무것도 할 수 없다는 무력감도 오히려 그이에게 힘이라고 우겨대며 하나님의 사랑 속으로, 영생 속으로 끌어들였다. 손끝 하나, 바람 하나까지도 그저 품안에서 사는 삶을 이룩해 냈다.

　그녀의 울음은 개망초의 흔들림 속에 배여 있다. 눈물짓는 하얀 가슴을 부여잡고 울지 말자고 달래곤 했지만 꿈속에서 만난 그이는 국화꽃 향기만 스치고 사라져갔다. 황소 같은 눈망울 속에 두려움으로 가득할 때 그녀는 가슴으로 소리를 낼 수밖에 없었다.

　답답한 심정을 토로하며 도움을 받고자 했지만 돌아가는 말에는 오로지 자신을 위로해 주는 말은 존재하지 않았다. '역시 그이의 편일 수밖에 없군요' 하면서도 고마워하는 마음속에는 사랑과 믿음이 밑바탕에 깔려 있음을 증명해 주었다.

　세상의 모든 힘을 모아, 아니 자신의 신심(信心)을 모두 모아 나사로의 기적을 불러와 울음을 웃음으로 바꾸고 싶었을 것이다. 하지만 그녀는 약하고 순한 여인이었고, 모든 무게를 짊어질 만한 용기가 부족했을지도 모르겠다.

　그녀는 섬을 동경했다. 홀로 있는 섬, 하지만 가슴으로 스미고 안아주는 섬. 그녀는 항상 주변의 모든 것을 다스려가는 바보 같은 중심이었다. 삭정이보다 쇠한 몸과, 가끔은 딸인지 조카딸인지도 잊어버리는 어머니. 말라가는 신음소리에 물줄기 소리가 더 고통스러운 가장. 그녀의 분신이기에 더욱 곁에 붙여두고 싶지만 마음만 놓고 멀리 떠나보낸 자식들.

　그녀는 화초에 정성을 쏟았다. 화초는 그녀에게 사랑의 대상이었을지 모르겠다. 가까이 하려면 멀어져가는 부모님, 남편, 자식들. 대신할 분신이었을 화초에 사랑을 심었을 것이다. 또한 모든 믿음을 그녀는 하나님의 사랑으로부터 시작했다. 시작도 하나님이요, 끝도 하나님임을 그는 존재의 이유로 삼았다. 그는 끊임없이 사랑의 대상이 필요했기 때문이었다.

　그녀는 세상과 동행하기를 바라며 살았다. 어릴 적 추억속의 부모님이 그렇고, 자신의 삶을 의탁한 한 남자가 그렇고, 세상을 보듬고 살아갈 듬직한 두 남자가 그렇다. 하지만 그보다 더 큰 동행자는 보이지 않는 그분이셨다. 이들은 모두 그녀를 감싸고 있는 승리의 원천이다.

　그녀는 오늘도 새벽기도에 나선다. 학창시절 빨간 벽돌을 나르며 만든 십자가를 바라보며, 별 없는 새벽에 마음에 별을 띄우고 살아야 한다는 소망을 빌고 있다. 등 뒤에 업혀 따뜻한 세상 속으로 살아가기를 두 손 모아 빌고 있다. 기다림이 없는 주님 나라에 가는 그리움을 또박또박 새기며 기다리고 있다.

　오늘 하루도 또 그렇게 기다리며 살고 있다.

나무지붕 @ 이강숙

한 알의 '소망'을 심기 위해
'시간'이라는 길을 가는 시인

송영찬 _ 교회와성경 편집인

시인 이강숙은 자신을 가리켜 '섬진강 모래알'이라고 불렀다. 어쩌면 시인은 자신을 볼 때 한없이 부서지고 깎여져서 눈에 잘 띄지도 않는 한 톨의 모래알이 되어 섬진강에 버려져 있는 존재라고 여겼을지도 모른다.

마치 크지도 작지도 않은 어머니의 품을 닮은 섬진강, 그 강에 시인은 아무도 눈여겨보지 않는 외톨이가 되어 아무렇지도 않게 자신의 발을 담금으로써 이 세상을 향해 저항을 던지고 싶었을 것이다.

그러한 시인에게 있어서 섬진강은 사람들이 호흡하는 시간의 흐름이었고, 햇빛에 반짝이는 수많은 모래알들은 친구이자 동지이며 소리 없는 함성들이었다. 그 시간의 흐름 속에서 함성들은 시인의 가슴 속에서 기호들이 되었고, 그 기호들은 시인의 핏줄기 속에서 생명을 가진 '언어'로 태어났다.

그것은
오래된 동화이자
현재의 생방송이며
미래의 역사다

함께 들어주고
읽어주는 이가

이 땅에 존재함이
곧 선물이다

한 줄 글도
역사가 되어
어느 길을 걷고
있으리라

　〈서시〉에서 시인은 더 이상 한 톨의 모래알이 아니었다. 이미 섬진강에 자신의 발을 담근 시인의 가슴 속에는 수많은 모래알보다 더 많은 기호들이 움트고 있었다. 시인은 그 기호들을 엮어 노래하기 시작했고, 그 노래는 섬진강을 계속해서 흐르게 하는 에너지였다. 이로써 시인은 세상을 향한 저항 대신에 자신을 녹여내어 사람들에게 내어주는 '선물'로 다시 태어났다. 이러한 변화는 그저 얻어진 것이 아니었다.

　제1막 '떠나감은 그리움을 남기고'에서 시인은 남편의 간병 생활을 통해 철저하게 자신이 부서지는 모습을 그려내고 있다.

하얀 빨래를 바닷물에 묻혀
내 가슴 바래지도록 건조대에 넌다
탁탁 소리를 내며 건조대에 넌다
그이의 신음 소리보다 더 크게 턴다

　〈병원에서 빨래하기〉는 줄에 널려 있는 빨래를 통해 죽음을 앞둔 남편의 고통으로 스스럼없이 무너져 내려가고 있는 시인의 자화상이 엿보인다. 그러나 이내 시인은 과감히 시간의 허물을 벗어버리기 위해 다짐하기에 이른다.

잠든 동안 무슨 꿈을 꿀까?
엄마 만날까?

소꿉동무 만날까?
아니 가짜 잠에 빠져 있으니
그마저도 꿈일 뿐

〈가짜 잠〉에서 시인에게 시간의 허물은 무엇일까? 시인은 독자에게 이 질문을 남길 뿐 침묵을 지키고 있다. 이어 제2막 '세월은 또 다른 세월을 낳고'에서 시인은 비로소 어머니의 인생을 통해서 새로운 시간을 찾는다.

하얀 길을 걷는다
검게 그으른 역사를 지우며
맑게 빛나는 영롱한 눈빛

삭정이보다 더 쇠한 몸
가슴속 맑은 소리
탁한 영혼을 씻어낸다

〈하얀 길〉에서 삶의 대부분의 기억을 잃어버린 어머니의 시간 속에서 시인은 자신의 지나간 시간을 벗겨내고 있다. 시인에게 있어 시간에 대한 답변은 제3막 '하늘과 땅 사이에서' 은유적으로 제시되고 있다.

이제껏
하늘이 내 것인 양
지금껏
땅이 내 것인 양
그렇게 살았다

그러나
어느 것 하나
내가 이룬 것은 없다

그저
이끌리고 당겨지는 자연의 법칙에
심기고 싹 트여 꽃 피우고 열매 맺음에
울고 웃었을 뿐

〈무력하다〉에서 시인은 단순히 일상을 시간으로 여기지 않는다. 사람들에게 있어 시간은 무엇일까? 하늘도 있고 땅도 있지만 도대체 시간은 어디에 있고 그 실체는 무엇인가? 시인은 원초적 질문을 통해 무시간적인 삶의 실체를 시간 속에 담고 있다. 그것은 바로 영원과의 접촉이어야 하기 때문이다. 이 순간 시인의 영혼에서 불꽃이 튄다.

곤고한 삶은 복의 통로
영원한 집으로 가는 길

가끔 죽비를 맞아야
영혼이 잠에서 깨는 것처럼
목숨 걸어 곤고함을 누리리라

〈곤고한 날의 풍경〉은 바로 우리들의 자화상이 아닐까? 영혼이 잠든 인생에게서는 도무지 시간을 찾을 수 없다. 이것은 시인만의 깨우침은 아니리라. 이런 영혼의 부딪힘은 제4막 "그의 입맞춤으로 내게 입 맞추게 하소서"에서 극적인 반전으로 전환하고 있다.

까마득히 돌아오지 않을 길로 떠난
그이를 보낸 여울의 시간 2014년
얼마만큼 자리에 서야 마음 성성히
웃는 마음으로 살아 갈 것인지

일 년을 보낸 지금의 이 자리가
마치 10년을 보낸 듯 느린 시간

소복한 눈으로 반기고 꽃으로 만나고
빗소리에 안기고 낙엽으로 함께 걸었다

〈그래도 사랑해〉에서 남편의 죽음이 남기고 간 고통을 오히려 사랑으로 승화시키고 있다. 시인에게 있어 죽음은 시간의 종말이 아니다. 오히려 죽음은 사랑이 시작되는 새로운 시간의 출발이기 때문이다. 그 출발선에서 시인은 죽을 만큼 아픔을 기쁨이라는 그릇에 담고 있다.

바보야
우린 섬이야

서로 외로운 섬
외롭지 않게
기쁨으로 견디는 섬이지

〈섬〉은 그래서 마그마가 용트림하고 있는 화산처럼 생동감이 넘친다. 그리고 마침내 시인은 육탈의 경지에서 다시 생명의 날개짓을 시작하는 영혼을 위해 〈고백〉에서 이렇게 노래하고 있다.

육신은 조금씩 녹아져도
영은 나날이 새 살 돋고

내 삶은 하늘에 닿아
하루하루 거미줄 치듯

영롱한 빛으로 빛나리라

영혼의 날개짓을 통해 시인은 다시 잊혔던 시간을 꺼내고 있다.

바닷가를 다녀온 신발 속에
모래알이 남아 있다
발바닥에 닿는 감촉이
긴 시간의 무게로 밀려온다

파도가 부딪히며 소리 내 울고
수평선 끝에서
다시 돌아온 시간들
고운 모래 되어 반짝인다

〈맨 발이 준 선물〉에서 시인은 바닷가의 모래알로부터 무의미한 일상의 시간이 아닌 살아서 꿈틀거리는 영혼이 부딪치는 '기호'로 시간을 기록하게 된다. 그리고 그 시간이라는 '기호'를 통해 영혼의 소리를 독자들에게 들려주고 있다.

아무런 약조도 없이
침묵 속에 구름기둥이 세워지고
어찌하자는 물음도 답도 없었다

질경이 토끼풀 잡초를
호미로 캐내어 양지쪽으로 던진다
다신 아픔으로 오지마라
더는 아프기 싫어

세 번째 나무계단
지금도
삐그덕 소리를 낸다
님의 발걸음이다

삐그덕거리는 〈세 번째 나무계단〉에서 시인은 마침내 살아 있는 시간의 소리를 듣게 된다. 여기에서 죽음은 더 이상 아픔이 아니다. 시인의 눈에는 바울이 보았던 삼층천(고후 12:4)을 기다리는 소망이 자라고 있기 때문이다. 그 소망은 마치 보랏빛 등꽃 그늘처럼 시인에게 주어진 선물이다.

> 보랏빛 등꽃아래 서면
> 흔들거리는 꽃마다
> 그리운 이의 향기가 난다
> 바람결처럼 스쳐 지나간
> 인연의 흔적이 여전하다

이처럼 〈보랏빛 등꽃아래 서면〉에서 시인은 이별의 상처마저도 사랑으로 치환하는 소망으로 가득 차 있다. 그 소망은 제5막 '계절과 계절이 만나는 자리'를 활짝 펼치게 하는 에너지가 된다.

> 아기들 옹알이 소리 들리고
> 조막손 들어 손바닥 보이는 봄
>
> 단풍나무 어린잎 천진난만하고
> 쥐똥나무 연두 빛 실눈 감고
> 부끄럽게 땅바닥에 누운 민들레
>
> 섬진강가 벚꽃들 아우성 들리면
> 그대가 들려주는 사랑가 애닳다

〈쉰여덟 번째 봄〉에서 시간의 의미를 알아버린 쉰여덟 살의 시인은 또 다시 섬진강에 발을 담근다. 이때 시인은 더 이상 '섬진강의 모래알'이 아니다.

> 봄아
> 우리, 꽃시상 가자

한 아름 베이지 빛 후리지아 안고 오자
우리의 삶처럼
사랑 밖에 서 있는 꽃도 찾아보자
기어이 뽐내고자 하는
삶의 냄새 흠뻑, 가슴에 담아오자

〈봄아, 꽃시장 가자〉에서 이미 하늘의 소망을 알게 된 시인은 '머리에 화관을 쓴' 새
로운 신부로 거듭나고 있다. 그것은 진리를 향한 끝없는 전진을 토대로 얻어낸 선물이
기도 하다.

가을비 한 자락
인수봉은 숨바꼭질

가을비 한 자락
긴 스웨터 꺼내 입고

가을비 한 자락
인생 공부 한 광주리

언제나 처음 만나는
시월 같아라

쉰여덟의 시인이 맞이하는 〈첫 시월〉은 그래서 가슴이 벅차다. 그래서 시인은 〈초겨울
비〉에서 '비 내린 차가운 유리벽'에 붙어 있는 낙엽조차도 예사롭지 않음을 보게 된다.
이때 시인은 어머니의 따스한 품처럼 세상을 감싸 안으며 순례자의 길을 떠나게 된다.
　　제6막 '또다시 떠나감을 찾아서'는 이렇게 시작되고 있다.

툭!!
발등에 떨어지는

공격적인 소리
세월의 지침도 알지 못하는
무지함에 일격을 가한다

무슨 말이냐구?
하긴 이 말을 안다면
무차별 총소리, 물대포도
물에 빠뜨리진 않겠지

노린내 난다고 코를 막아도
찌든 도시의 은행을 주워 먹는
이 땅의 무심한 사람들

어때?
연두 빛 고운 은행 맛이?
그 열매의 잎은 노란 빛이라네

　우연히 발등에 떨어지는 〈노란 은행잎〉에서 시인은 2014년 4월 16일에 침몰한 세월
호를 찾아낸다. 그리고 〈담벼락〉에 덕지덕지 붙어 있는 더러운 흔적들 속에서 '세월호
에 잠긴 가여운 영혼의 재'를 찾아낸다. 그 영혼의 재는 사람들의 가슴에 두꺼운 더께로
남아 있음을 보게 된다.

더껭이 앉을까 닦아내고
더껭이 앉은자리
기억으로 더듬는
비오는 4월의 아침

보랏빛 제비꽃
도시 한복판을 점령해
아우성이고

봄비조차 동그라미 그리며
둥글게 살라는데

어찌 세월만
가라앉은 채 무소식인가

쓸어내고 쓸어내어
더께 앉을 새 없는
어미가슴에 울리는 아리랑

〈더께〉에서 세월호는 죽어 있는 시간으로 묶어 둘 수 없어서 '어미가슴에 울리는 아
리랑'으로 여전히 시인의 영혼을 일깨우는 노래로 남아 있다. 그 시인의 노래가 울려 퍼
질 때 세월호는 이른 봄날에 피어나는 노오란 영춘화가 되어 다시 우리 곁으로 돌아오고
있다.

누더기 두른 몸체 토해내는 괴물

2017년 봄 날
영춘화 담벼락에 피어도
해맑은 웃음은 돌아오지 않았다
극간의 상처 1073일 가두고
숨통을 끊어 놓은 채...

세월호 7시간 아무 말 없고
빈 속인줄 알면서
쉬지 못하는 자맥질
이 땅 어미들 숨통마저 끊는구나

2016년 3월 23일 세월호는 인양되었다. 〈일천칠십삼(1,073)일〉에서 시인은 우리의

망각이 세월호를 또 다시 침몰시키기 전까지는 시간 속에서 결코 세월호가 침몰하지 않는다는 사실을 확인하고 있다. 비록 어둠의 세력들이 이 땅 어미들의 숨통을 끊는다 할지라도 진실은 절대 침몰하지 않을 것이다.

이로써 가슴에 세월호의 리본을 새기듯이 시인은 한 톨의 모래알처럼 작을지라도 역사 속에 소망을 심기 위해 오늘도 여전히 시간이라는 길을 가고 있다.

그동안 먼 길을 돌아 달려 온 '세 번째 나무계단'은 다음과 같이 대단원의 막을 내리고 있다

어느 날
은혜의 강을 건너면
마중했던 사람들이 기다리고 있을까?
그랬으면 좋으리

시인의 발걸음은 좀 더 먼 하늘을 바라보고 있다. 시인은 올망졸망 살다가 놓쳐버린 시간들에 대한 미련을 더 이상 두지 않는다. 오히려 "내가 달려갈 길과 주 예수께 받은 사명 곧 하나님의 은혜의 복음을 증언하는 일을 마치려 함에는 나의 생명조차 조금도 귀한 것으로 여기지 아니하노라"(행 20:24)고 고백한 바울처럼 시인은 자신의 시간 속에 단단한 소망을 심고 있다.

A Poetress Walking Along
'Time' to Plant a Seeds of 'Wish'

Youngchan Song _ Editor, The Church and Bible Publishing House

Translated by Candace Yun

The poetress Kangsook Lee calls herself 'a Grain of Sand on the Seomjin River'. When she looks at herself, she imagines herself as a grain of sand which is crumbled, eroded and unnoticed.

In the Seomjin River, which is seen as an embracing mother- neither big nor small, she wants to resist the world and throw herself into it, dipping her feet in the water after becoming a loner.

To her, the Seomjin River is a flow of time in which people breathe, and the shining sands are her friends and her voice without any sound. The voice becomes a symbol, and from that symbol is born a 'language' flowing through her veins.

It is
An old story,
Broadcasting now,
The future's history.

Listen together
As we read it.
Any listener here on earth
is a gift.

Just one line
May become history,
A walk
Along the path.

In *"Prologue"*, she is not one of sand anymore. In her heart, more symbols than sands are sprouting. She starts to sing by weaving those symbols and the songs into energy which makes the river flow. So, then, she is born again as 'a gift' to people instead of a hinderance. However, this change is not acquired easily.

In *"The First Act, Someone Who Has Gone Away Leaves Behind a Longing,"* she portrays her brokenness through nursing her husband.

> White laundry soaked in ocean waves,
> I hang the laundry, my heart to fade.
> I shake it out quickly, with a swift crack.
> It snaps more loudly than his groaning.

In *"Doing Laundry at the Hospital,"* through hanging out laundry, we can see her portrait just before her husband's death. However, she becomes determined to break through the layers of these difficult times.

> What dreams will he dream ?
> To meet his mother ?
> A childhood friend ?
> No in this fake sleep,
> It's impossible to dream.

In the *"Fake sleep,"* what are the layers of time to her ? She asks us, but she remains silent. In *"The Second Act, Years Give Birth to Years,"* she is looking through a new layer of time, her mother's life.

> A walk along the white way,
> To wipe a history blackened by smoke,
> In whose twinkling eyes a clear light shines -
>
> Body weaker than a dry branch,
> From whose heart a pure sound comes,
> To wash my muddy soul.

In the *"The White Way,"* she is taking off a layer of her past. Time to her is posed metaphorically in *"The Third Act, Between Heaven and Earth"*.

So far -
As if the sky is mine,
So far -
As if the earth is mine,
I have lived.

However,
Nothing at all -
Nothing at all is what I've achieved.

Just
Following nature's law:
Planted, sprouted, bloomed and fruited.
I have only laughed and cried.

In *"Helpless"*, she doesn't consider everyday life as just *"time."* What's time to people ? There is the sky and earth, but where is time and its substance ? Through basic questions, she describes the reality of time. It's because time must contact eternity. At that moment, her spirit sparks.

But a hard day paves the road to blessing,
The path to an eternal dwelling.

Some days, we need to take a beating,
To awaken the soul.
I'll get through this day, too!

Isn't *"Landscape of a Hard Days"* a portrait of us ? We can't find time among our lives in which the spirits sleep. This isn't just her own lesson. This spirit encounters conversion in an extreme reversal in *"The Fourth Act, Let Him Kiss Me With The Kisses Of His Mouth."*

There is a far-away path that,
once a person goes along it,
they can never return.
In 2014, the year it all happened, I sent my husband there.

How long must my heart take
To live again with a smile ?

Now the time of a year has passed,
As if ten.

To welcome a piling snowfall, to meet a flower,
To hug the sound of the rain, to take a walk with the fallen leaves.

She turns the pain her husband left into love in *"I Love you, Even Though"*. To her, death is not a termination of time. Rather it is the beginning of a time when love begins. She portrays the deadly pain as joy instead.

Fool !
We are all islands.

Lonely islands,
Not meant to be lonely,
But islands standing with joy.

So now, *"An Island"* is vitalized like a volcano in which magma lies. She finally sings for a spirit which starts to fly again toward the spiritual realm in *"Confession"*.

Little by little does thaw my body,
Within my spirit does sprout flesh anew.

To the heavens does reach my life.
Day by day, like the spider's web -

I will glisten in the light.

Through her spirit's fluttering, she reminds us of forgotten time.

    In shoes worn on the beach,
    Sands remain.
    My soles feel it there,
    And with it, the weight of a long time comes.

    Waves weep
    At horizon's edge.
    Those times return,
    Shimmering into soft sand.

In *"The Gift That Bare Feet Gave"*, she records time as a symbol where living spirits meet, not simply a meaningless routine.

    Without any promise,
    A pillar of cloud stands in silence.
    "What to do ?" yields neither question nor answer.

    Digging up weeds and rabbit grass,
    With a hoe, I toss them into the sunlight.
    "Pain, don't come back."
    "Sickness, I hate you."

    And the third wooden stair,
    Even now,
    Still creaks -
    It's his step.

In the creaking *"The Third Wooden Stair"*, she hears the sound of living time. Death is not pain any longer, because her desire to see the third heaven, which Paul saw (2 Corinthians 12:4), is growing in her eyes. It's a present given to her like the violet shades of the Wisteria.

    Standing beneath the purple Wisteria tree,
    From every trembling blossom,

Comes the scent of the one I long for,
Carried on the wind -
Just a remnant of what we shared.

"Standing Beneath the Purple Wisteria Tree" is full of wishes to turn farewell's wounds into love. This wish becomes the energy for *"The Fifth Act, The Seat Where Seasons Meet"*.

List'ning to a baby's babble,
Spring's fingers sprout to show their tiny hands.

Innocent young leaves from trees o' maple
The wax tree's squinting eyes cast forth their bright green lights,
And dandelions lay shyly 'bout the earth.

List'ning to cherry blossoms' call, along the Seomjin River,
Alas, t'was love's heartbreaking sonnet, mine ears did hear thee sing.

In the *"O, Fifty-Eighth Spring!"*, the 58-year-old poetress, who comes to know the meaning of time, dips her feet into the Seomjin river. Now she is no longer just 'a Grain of Sand on the Seomjin River.'

Hey, Spring!
Let's you and I go to the flower market.
We'll buy a bunch of freesia.
Like our lives,
Let's find some less popular flowers.
Finally, they should feel like boasting,
Let's grab onto a life of fragrance!

In *"Hey, Spring! Let's Go to the Flower Market"*, she becomes a bride with a garland. It's a present based on her progress of pressing toward the truth.

At the edge of fall rain
Insubong Peak plays hide-and-seek

At the edge of fall rain,
Find a long sweater put it on.

At the edge of fall rain,
With a basket of life's lessons.

Every time we meet
Must be like this October.

Her heart is filled with emotion in *"The First October"*. Therefore, she can't ignore the fallen leaf on the glass wall. In *"Early Winter's Rain,"* now she goes on a journey down a pilgrim's road.

"The Sixth Act, Looking For Someone Who Has Gone Away" starts like this:

Tok!
Falling across my feet -
The sound of violence,
Not realizing the age's tiredness,
Makes attack on ignorance.

Don't you get it ?
If they had known what it all meant -
Gun shots ring out indiscriminately; water cannons bellow.
Surely, they wouldn't have let them sink!

Plugging their noses against the stink,
City of filthy ginkgo-pod-eaters -

Mindless ones don't stop to think.

Taste good, do they ?
Your little ginkgo-pods are green,
But the leaves of its tree are yellow!

In *"Yellow Ginkgo Leaves,"* she finds the SEWOL ferry sunk on April 16, 2014, and the ashes of SEWOL in *"A Wall"* amongst the dirty traces. The ashes of the spirits remain as thick dust.

> Wipe it, not to sit on dirt,
> The place where dirt sits.
> Trace the memory back
> To a rainy April morning.
>
> A violet violet
> Occupies the city center,
> Crowding it.
> Even the spring rain makes circles,
> And cries, "Live roundly!"
>
> Why, *SEWOL,*
> Is there no news while you sink down
>
> Wipe and wipe -
> There's no time for dirt to sit,
> In a mother's heart where sad songs ring.

In *"Encrusted Dirt,"* SEWOL remains as a song which awakens her spirit. When she sings her song, *SEWOL* becomes forsythia, blooming in the spring and returning to us.

> A spring day in 2017,
> Even though the forsythia blooms
> Their bright smiles never return.
>
> Trapping 1,073 days-worth of hurt,
> Bringing so many lives to an end.
>
> For seven hours, *SEWOL* said nothing.
> Though knowing it was empty,
> Divers never stopped their search,
> Bringing their mothers' lives to an end.

On March 23, 2016, *SEWOL*'s hull was exhumed. In *"1,073 Days"*, she wants assurance that *SEWOL* doesn't sink in our memories and become lost. Even though the darkness stops mothers on this land from being able to breathe, the truth doesn't sink. She walks on the road of time, still now, to plant this wish as she engraves *SEWOL*'s yellow ribbon in her mind. Now she is going toward the finale after detouring for so long.

> One day,
> When crossing o'er the river Grace,
> Will the people who I've seen off wait there ?
> I wish they would.

She is looking at a distant sky. She doesn't have a lingering feeling for lost love. Rather, she is planting a sturdy seed on her own time, like when Paul says, *"However, I consider my life worth nothing to me; my only aim is to finish the race and complete the task the Lord Jesus has given me--the task of testifying to the good news of God's grace."* (Acts 20:24)

징검다리 @ 전장원

목차 CONTENTS

머리말 PREFACE / 8

『세 번째 나무계단』에 부치는 글
　기다림이 없는 기다림을 바라는 여인 / 11
　조내화 _ 시인

『세 번째 나무계단』 길라잡이　A guide for 'The Third Wooden Stair'
　한 알의 '소망'을 심기 위해 '시간'이라는 길을 가는 시인 / 14
　송영찬 _ 교회와성경 편집인
　A Poetress Walking Along 'Time' to Plant a Seeds of 'Wish' / 25
　Youngchan Song _ Editor, The Church and Bible Publishing House
　Translated by Candace Yun

초대시　ENTERTAIN POETRY
　꽃들의 절규 | 이광호 / 41
　아버지의 땅 | 장대선 / 43
　가벼움 | 박동근 / 45
　비가 오는 날 | 정주영 / 47

세 번째 나무계단
The Third Wooden Stair

PRELUDE

　서시　Prologue / 53

제1막 First Act
떠나감은 그리움을 남기고 Someone Who Has Gone Away Leaves Behind a Longing

미안해요　I'm Sorry / 57
병원에서 빨래하기　Doing Laundry at the Hospital / 60
너라도 살아라　You Must Live! / 63
기도와 용서　Prayer and Forgiveness / 66
가짜 잠　Fake Sleep / 69
가장(家長) 자리　Head of the Family / 72

제2막 Second Act
세월은 또 다른 세월을 낳고 Years Give Birth to Years

엄마 Mama / 77
하얀 길 The White Way / 80
그 얼굴에 내가 들어 있어 I See My Face in Hers / 83

제3막 Third Act
하늘과 땅 사이에서 Between heaven and earth

아무것도 하지마라 Don't Do Anything / 89
눈 Snow / 92
내 마음의 시편 A Psalm of My Own / 95
무력하다 Helpless / 98
문 The Door / 101
곤고한 날의 풍경 Landscape of a Hard Day / 104
기다림 Waiting / 107
동행 Accompanied / 110
선한 길에 서서 Standing on the Road of the Good / 113
새벽 기도 Sunrise Prayer / 116
장맛비 The Rainy Season / 119

제4막 Fourth Act
"그의 입맞춤으로 내게 입 맞추게 하소서"(아 1:2) Let him kiss me with the kisses of his mouth:(Song 1:2)

그래도 사랑해 I Love You, Even Though / 123
아! 2014년 Ah! 2014 / 127
섬 An Island / 130
잊는 날 Forgetting Day / 134
오지 않는 사람 The One Not Coming / 137
고백 Confession / 140
꿈 The Dream / 143
그대에게 가는 길 The Way to You / 146
장맛비 동그란 신발 Rain's Little Round Shoes / 150
맨 발이 준 선물 The Gift That Bare Feet Gave / 153
세 번째 나무계단 The Third Wooden Stair / 156
나의 사랑은 My Love / 159

보랏빛 등꽃아래 서면 Standing Beneath the Purple Wisteria Tree / 162
사랑 Love's Way / 165
이별의 동토 The Tundra of Farewell / 168

제5막 Fifth Act
계절과 계절이 만나는 자리 The Seat Where Seasons Meet

개망초의 노래 Song of the Mountain Daisy / 173
쉰여덟 번째 봄 O, Fifty-Eighth Spring! / 176
5월의 행복 노래 Happy Song of May / 179
봄아, 꽃시장 가자 Hey, Spring! Let's Go to the Flower Market / 182
봄비 Spring Rain / 185
첫 시월 The First October / 188
추국 Autumn Chrysanthemums / 191
가을 Fall / 194
초겨울 비 Early Winter's Rain / 197
해후 Encounter / 200
그 길을 걷고 싶다 I Want to Walk that Road / 204

제6막 Sixth Act
또다시 떠나감을 찾아서 Looking For Someone Who Has Gone Away

노란 은행잎 Yellow Ginkgo Leaves / 209
담벼락 A Wall / 212
더께 Encrusted Dirt / 215
일천칠십삼(1,073)일 1,073 Days / 218

FINALE
때에 이르러 Reaching Time / 224

APPENDIX

『세 번째 나무계단』에 관한 짧은 감상   Comments on 'The Third Wooden Stair'
시간은 참으로 신기한 존재이다 | 지준경 / 229
The Time is Truly an Interesting Entity | Joonkyung David Chi

어머니께 드리는 선물
어머니의 생신을 위한 첫 번째 요리 | 지준혁 / 235
My First Dieshes for 60th Mother's Birthday | Joonhyuk Chi

작품 목록 / 238

초대시

ENTERTAIN POETRY

멈춤 @ 이광호

꽃들의 절규

이광호

쉬 — ㅅ

꽃망울 터지는 소리가 들리는가
여기저기서 절규하는
꽃들의 소리가 들리는가

긴 겨울 잠에 깊이 빠져 있던 봄이
꽃망울 소리에 놀라 꿈틀거린다

봄이 꿈틀거리는 소리에
숨어 지내던 개구리가 겨울잠에서 깨어난다

꽃들은 산에서 들에서
고통스런 망울 터뜨리기에 바쁘다

꽃망울은 겨울잠에 취한 세상을 깨우기 위해
아픔을 참으며 자기 몸을 터뜨린다
그것은 겨울잠에 취한 생명을 깨우는 절규다

이 땅에서 터지는 꽃망울 소리에
멀리 북극곰도 놀라 겨울잠에서 깨어난다

하지만 사람들은
귓전에 울리는 꽃들의 절규에 귀를 막는다
잠에서 깨어나기를 거부한다

그들은 꽃들의 아름다움만 탐한다

여름 @ 장대선

아버지의 땅

장대선

아버진 내게 땅덩일 두고 가셨다
아지랑이 필 즈음이면 어김없이 풍기는
게워낸 농주 같은 역한 냄새가 싫어
끝끝내 밀쳐버리고 만 내게
갱지 한 장 만큼의
땅덩일 두고 가셨다

아버지 삭신이 녹아난 땅
흙 알갱이들만큼의 땀을 쏟고서도
스미는 물 고이는 물이 간신인 땅을
코뚜레마냥 내게 꿰어 놓았다

기막힌 그놈에 땅덩이에
옹삭한 삭신 자빠뜨리니
고단한 잠이 사르르
늙은 누렁이랑
코올 코올 잠이 들어버렸다

바람이 멈춘 자리 @ 박동근

가벼움

박동근

너는 누워 있다
잠시 후면 썩어져 그 좁디좁은
한 평마저 티끌에겐 넓기만 한,
그저 비워 놓고 먼 길 떠날
너는 참으로 가난한 영혼인 것을

잠시 후면 네가 걸친 속옷 한 벌마저
향긋한 흙이 되어
홀가분히도 너를 비울
너는 참으로 가난한 영혼인 것을

좀 더 내 호주머니 채우려
그렇게도 애걸하던 모든 집착
무거운 너의 욕망이

깃털보다 가벼운 가벼움이 되어
저 망망한 강물위로 흩뿌려져
저 황막한 사막의 모래 벼랑 속에
흩어지며

저 무게 없는 창공위로
너의 가난함을 그리며
이제 한 없이 가벼운
참으로 가벼움이 되련다

가족 _ Family, 2017 @ 정주영

비가 오는 날

정주영

비가 오는 날
세상은 모두 시의 재료가 된다

모든 것이 촉촉한 질감을 가지게 되고
회색빛 배경은
우리를
우리주변을
주인공의 색으로 만들어 버린다

습한 공기
울림이 있는 소리들
평온한 마음
기다려지는 따스함들

비오는 날
난
행복해진다

세상을 보는 관점도
부드러워지고
사랑스러워지고

그래서 내가
우리가
아름다워진다

관계 @ 홍인호

세번째 나무계단

The Third Wooden Stair

PRELUDE

시간의 흔적 @ 이강숙

서시

그것은
오래된 동화이자
현재의 생방송이며
미래의 역사다

함께 들어주고
읽어주는 이가
이 땅에 존재함이
곧 선물이다

한 줄 글도
역사가 되어
어느 길을 걷고
있으리라

Prologue

It is

An old story,

Broadcasting now,

The future's history.

Listen together

As we read it.

Any listener here on earth

is a gift.

Just one line

May become history,

A walk

Along the path.

제1막

First Act

떠나감은 그리움을 남기고

Someone Who Has Gone Away Leaves Behind a Longing

빛과 그림자 @ John Ahn

미안해요

나만 먹어서 미안해요

나만 웃어서 미안해요

나만 쾌변을 봐서 미안해요

나만 건강해서 미안해요

나만 통증이 없어 미안해요

나만 빨리 걸어서 미안해요

나만 방귀를 꿔서 미안해요

나만 잘 자서 미안해요

나만 이야기해서 미안해요

나만 잘 살아서 미안해요

모두 다 미안해요

내가 잘 먹고 잘 살아내야 도타운 정 나누며 낳은 두 아들,

훗날 힘겹지 않아야 하기에 이렇게 잔인한 일을 하고 있어 미안해요

미안해요

시작노트 _
잔인함이란 칼로 베거나 총을 쏘는 것이 아니라 고통 속에 있는 사람 앞에서 먹고 자면서 정상인으로 살아가는 일임을 알았
다. 환자 곁에서 간병하기란 외줄타기와 같다. 모든 중심은 환자이기 때문이다. 그 옆에서 멀쩡히 먹고 자고 행동한다는 것
이 더 힘들다. 남편을 보며 느끼는 감정은 모두 처음 겪는 일이다. 그래서 더 슬펐고 고통스러웠다. 가보지 않은 길을 배웅한
다는 것이 얼마나 아픈 일인지 ….

I'm Sorry

Only I can eat- I'm sorry.

Only I can laugh- I'm sorry.

Only I can go to the bathroom easily- I'm sorry.

Only I am healthy- I'm sorry.

Only I am not in pain- I'm sorry.

Only I can fart- I'm sorry.

Only I can walk fast- I'm sorry.

Only I can sleep well at night- I'm sorry.

Only I can make conversation- I'm sorry.

Only I can live so well- I'm sorry.

I'm sorry for it all.

You see, I must eat to survive, for the sake of our two sons,

So that they can live happy lives,I do such cruel things.

I'm sorry.

세월 @ 문정식

병원에서 빨래하기

시원한 지하수가 해소기침 소리를 내고
그 힘찬 물줄기 소리에 한없이 통곡한다
맑은 물이 나올 때까지 헹구고 또 헹구며
꾸역꾸역 올라오는 오열을 다시 헹군다

하얀 빨래를 바닷물에 묻혀
내 가슴 바래지도록 건조대에 넌다
탁탁 소리를 내며 건조대에 넌다
그이의 신음 소리보다 더 크게 턴다

햇살이 얄밉도록 찬란하게 뜨겁다
가을 곡식 마무리를 하는가보다
빨래가 곧 마르리라
그이의 신음 소리도 마르리라

말간 눈으로 바라보며 그이가 손짓을 한다
"물 줘 …"

시작노트 _
그이가 누워있는 병실 옆에 붙어있는 화장실에서 손빨래를 한다. 지하수를 사용하기 때문에 모터 돌아가는 소리와 물소리
가 뒤섞여 온통 혼란뿐인 머릿속처럼 요란하게 소리를 낸다. 그 요란한 물소리 사이로 가느다랗게 그이의 목소리가 들린다.
뒤이어 신음소리가 들릴 때마다 흔들거리는 바람결이 서글프다.

Doing Laundry at the Hospital

The underwater makes a coughing sound.

I weep along with that sound.

Until the water becomes clear, I rinse, and rinse and rinse.

One after another, the sobs come out; I rinse away that weeping.

White laundry soaked in ocean waves,

I hang the laundry, my heart to fade.

I shake it out quickly, with a swift crack.

It snaps more loudly than his groaning.

The sun glares hot, glorious- spiteful.

Ripening the autumn fields.

And the clothes will soon be dried out.

And his groaning will soon be dried out.

He gestures with his hand. The look in his eyes is clear:

"Give me some water."

NOTES _

I hand-wash my husband' s laundry in the bathroom of his room at the rehabilitation center. Because I use an "underwater" (a kind of noisy electric pump used in the rural areas), the sound of the engine and the running water are mingled together. Like my confused brain, they make loud noises. Amidst that noise, very softly, I can hear my husband' s voice - and his groaning. I can hear the sound of the wind blowing outside. I become sad.

열정 _ 구필화 @ 김준호

너라도 살아라

밤마다 방충망 사이로 벌레들이 들어온다
손에 잡히는 책으로 때려잡는다

문득,
부드러운 휴지로 집어 밖으로 던진다

살아라, 잘 살아라
죽음의 문턱 앞에 이보다 더 큰 복이 또 있으려나

시작노트 _

고단한 하루를 보내며 하루를 살아냈다는 감사함에 기도를 드리고 잠자리에 드는 시간. 그러나 암환자에게는 밤이 두렵다. 통증이 시작되는 시간이기 때문이다. 그래서 불을 끄지 못하는 병실 방충망에는 살아내려는 온갖 벌레들이 모여든다. 환자를 위해 살충제를 사용하지 못하기에 손에 잡히는 대로 벌레들을 잡아낸다. 그러다 문득, "그래 너희들의 생명도 소중한데 미처 생각을 못했구나." 하며 미안한 마음에 조심스레 휴지로 감싸 "너라도 잘 살아라" 하며 밖으로 날려 보낸다.

You Must Live!

Each night, some bugs creep through the mosquito net,
Promptly trapped under the closest book at hand.

Unexpectedly,
Caught. Cast out in a soft tissue.

Live! Live well!
They are luckier now than to be at death's door.

기억 @ 이연옥

기도와 용서

그를 용서하여라
그래도 안 되면
용서할 수 있는 마음을 달라고 기도하라
다 용서치 않음이요
덕을 버린 탓이리라

주여,
부디 모두 용서하시고
나사로의 기적이
우리에게도 있게 하소서
정녕
그리하실 수 없는지요

시작노트 _
삶과 죽음을 사이에 두고 사는 생이지만 병상에 누워있게 되면 간절한 기도가 저절로 나온다. 그리고 뒤이어 용서를
빌게 되며 진정한 간구를 드리게 된다. 기도가 이루어짐은 늘 내가 원하는 것으로 되었을 때라고 생각했던 많은 시
간들 … 그러나 원하지 않는 결과로 하나님께서 이끄심 역시 기도를 들어주셨음을 알았다. 그것도 시간이 많이 흐른
후에 ….

Prayer and Forgiveness

Forgive him ···
Still can't you ?
(At least you can pray for the heart to forgive.)
Because I can't forgive everything,
I cast out every virtue.

O Lord,
I beg your forgiveness !
A miracle like Lazarus,
To us, Lord, make manifest !
Certainly,
You can- Why won't you ?

겨울풍경 _ winter scenery, 2012 @ 송성주

가짜 잠

24시간 진통제 링거에
혼이 나가 온종일 비몽사몽
순간순간 눈 떠 한마디씩
알 수 없는 단어들

잠든 동안 무슨 꿈을 꿀까
엄마 만날까
소꿉동무 만날까
아니 가짜 잠에 빠져 있으니
그마져도 꿈일 뿐

그나마 다행이다
진짜 긴 잠은 아니니 …

시작노트 _
그이 몸이 힘들어질수록 알약의 수치가 높아지더니 기어이 모르핀 링거 주사를 맞아야 하는 상황이 되었다. 겉으로는 괜찮아 보이지만 내장 기능에 이상이 생기고 만 것이다. 통증이 심해져서 밤새 잠 못 이루고 고통 속에서 버티다 결국 선택한 일이다. 모르핀 주사를 이겨내지 못하고 서서히 말초신경이 마비되기 시작했다. 이런 상황에서 무엇이라 말할까 … 그이는 무슨 말을 하고 싶을까 …

Fake Sleep

For twenty-four hours the morphine drips,

All day long, the spirit drifts, in a place between sleep and wake.

In a moment- any moment, he opens his eyes,

And speaks an unknowable word.

What dreams will he dream ?

To meet his mother ?

A childhood friend ?

No- in this fake sleep,

It's impossible to dream.

Even so,

It's only just that: sleep.

NOTES _
My husband's condition got worse and the medication was intensive. So finally morphine was injected. Seemingly he looked fine, but the problems were with his internal organs. The injection was desperate because he couldn't sleep with the pain. He couldn't stand the injection and had a peripheral anesthesia. What could he have said ? What words did he want to say ···?

모성애 _ 민화 @ 양금자

가장(家長) 자리

한댕거리는 목숨 줄 앞에
체념한 듯 황소 눈을 깜빡인다

"무서워하지 마
누구나 가는 길인데 …"
"그 대신 당신과 애들이 잘 살면 되지"

살풍경한 모습으로
수수롭게 익애한다

* 한댕거리다 : 위태롭게 매달려 흔들거리다
* 살풍경하다 : 풍경이 보잘 것 없다
* 수수롭다 : 마음이 서글프고 산란한 데가 있다
* 익애하다 : 흠뻑 빠져 지나치게 사랑하거나 귀여워하다

시작노트 _
잠시 소풍 나온 길을 떠나 영원히 아름다운 나라에서 거하려는 그이가 눈을 끔뻑거리며 오히려 나를 위로한다. 괜찮
다며 … 살가운 눈빛으로 바라보던 그이가 눈에 선하다.

Head of the Family

Dangling at the end of the lifeline,
Full of abandon, his big eyes say,

"Don't be scared.
Everyone goes that way ⋯
You and our kids live well instead."

Bleakly,
With a love distracted.

제2막

Second Act

세월은 또 다른 세월을 낳고

Years Give Birth to Years

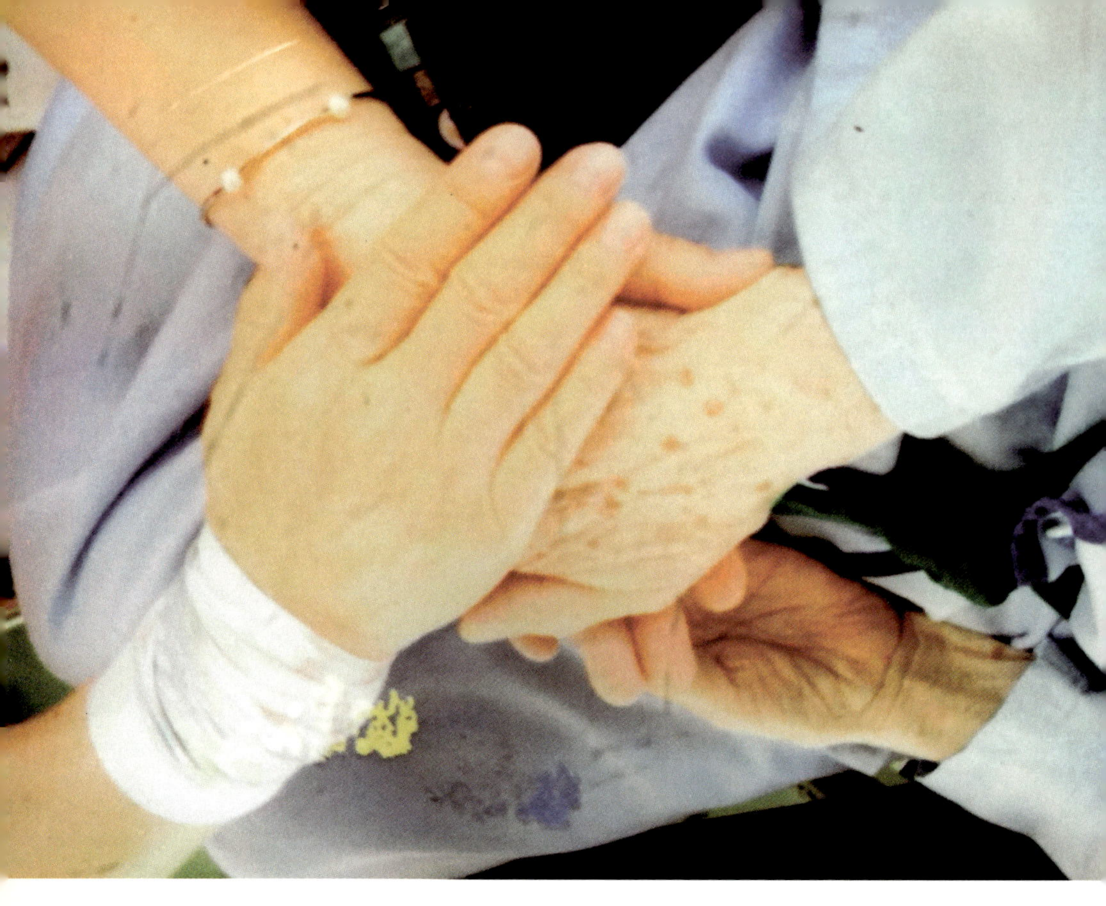

어머니의 손 @ 이강숙

엄마

헌신과 희생의 선물이 세상을 잊는 상(賞)이었다
마냥 어린아이가 되어 순간순간만 기억하기로 했다
하고픈 대로 살지 못하고 인내로 견디어 온 세월

주름진 얼굴과 손에서 지나간 추억이 상영되고
맑은 눈에서 순수함이 투영되어
서러운 단어만 자막으로 흐른다

엄마! 엄마!
불러도 안아도 나보다 더 작아진 엄마

그. 래. 도.
오래도록 순간이라도 기억해줘요
그리고 내 등 쓰다듬어 주세요

사랑합니다
사랑합니다

시작노트 _

8년째 치매를 앓고 계시는 어머니의 모습이다. 이 땅에 모든 어머니가 그러하듯 평생 고달프고 힘겨웠던 시간의 대가는 늘 하얗게 지워지는 기억이었다. 가끔 딸도 잊고 손자들도 잊는다. 그러다 아주 오래된 이야기에는 기억이 생생해져서 환하게 웃으시면 나도 덩달아 웃는다. 이렇게라도 '오래 살아주세요' 라고 기도한다. 나만의 이기적인 기도일까 ?

Mama

A memory lost, the reward for her devotion and sacrifice.
Oh, to remain a child forever; only to remember those moments.
But life can't be lived as one wishes- it must be patiently endured.

Those memories are recorded in the lines of her face and hands.
Purity is projected in her clear eyes.
Sorrow is read in the subtitles.

Mama! Mama!
A call, a hug, even-smaller-than-I Mama!

Never ⋯ the ⋯ less ⋯
Remember this moment for a long time,
And pat my back.

I love you.
I love you.

한강 _ 펜드로잉 @ 김지영

하얀 길

하얀 길을 걷는다
검게 그으른 역사를 지우며
맑게 빛나는 영롱한 눈빛

삭정이보다 더 쇠한 몸
가슴속 맑은 소리
탁한 영혼을 씻어낸다

* 삭정이 : 살아 있는 나무에 붙은 채 말라 죽은 가지.

시작노트 _
하얀 길을 걷고 있는 엄마는 시간이 흐를수록 몸이 마르고 기력이 쇠해져갔다. 어버이날이 되어 카네이션 화분을 들고 가서 보여드리니 분홍빛 꽃을 쓰다듬으며 "아이 참, 이쁘다. 너무 이뻐." 하시며 좋아하시더니 이내 눈물을 보이며 우신다. 그리고 하시는 말씀이 "넌 좋겠다. 싱싱하고 이뻐서 … 난 추해. '늙었어'" 하며 눈물을 흘리신다. 가끔 딸 마음이라 엄마의 모습을 남기고 싶어 사진도 자주 찍었는데, 어느 날 사진을 보여드리니 "추해" 하시며 누구냐고 물으셨다. 그후론 마음이 아파서 사진을 찍어도 보여드리질 못했다. 시간이 가면 갈수록 더 멀어지는 엄마의 기억을 무엇으로 잡아 놓을까. 마냥 안타까울 뿐이다.

The White Way

A walk along the white way,

To wipe a history blackened by smoke,

In whose twinkling eyes a clear light shines -

Body weaker than a dry branch,

From whose heart a pure sound comes,

To wash my muddy soul.

NOTES _
My mom, who is walking on the white way, gets skinnier and weaker. I brought carnations on Mother' s day and showed her. First, she liked them, but soon she wept. "I envy you. You are young and beautiful. I am so old and ugly." I sometimes took her picture, wanting to remember her appearance. One day she asked me, "Who is she?" and "She is ugly" . After that time, I didn' t show her any more pictures. How else could I have held onto mom' s memory, to keep it from getting farther and farther away? I feel sorry.

봄 여름 가을 겨울 _ 프리저브드 플라워 @ 최삼랑

그 얼굴에 내가 들어 있어

엄마가 곡기를 마다 할 때마다 가슴이 덜컥 내려앉습니다
눈빛이 흐려질 때마다
어릴 때 멋모르고 넘어졌던 것처럼
'헉' 하며 가슴이 아파옵니다

커피 한 모금 달라 할 때는
죽 한 수저 먼저 들면 주겠다고 조건을 겁니다
엄마는 아기처럼 잘 받아 마십니다
그리고는 세 모금 정도의 커피를 맛 있다 하며
내 눈과 높이를 맞춰 행복한 미소를 집니다

그러고 보니 엄마랑 함께 사진 찍은 것이
언제인지 아득하기만 합니다
그래서 '엄마 사진찍자. 김치이~' 했더니 얼른 '깍두기' 라 합니다
누가 알려줬을까요

간병인이 '내 나이가 어때서' 라는 노래를 부르니
마지막 소절을 따라 부르며
사랑하기 딱 좋은 나이랍니다
'딱' 하는 부분에서는 하이파이브도 합니다

저렇게 어린아이처럼 순수하고 맑은 눈으로
가끔은 정확하게 딸이었다가
어느새 나는 조카딸로 바뀌는
우리 엄마

매일 매일을 세월의 야속함에 가슴 저리고
그 얼굴에 내가 들어 있어
나의 훗날이 걱정되어 내 아들들을 떠올립니다
나도 두 아들의 엄마이기 때문입니다

엄마!
완치는 할 수 없어도 시간이라도 더디게 흘러
엄마랑 함께 하는 시간이 오래지도록 해 주세요
내가 조카딸이 되어도 나는 엄마의 딸이니까요
사랑합니다

시작노트 _

이렇게 노래 부르시던 시간이 있었다. 나도 모르는 노래를 요양보호사와 함께 손뼉을 치면서 즐겁게 부르기도 하셔서 깜짝 놀랐다. 야외 소풍 길에 만난 노란 은행잎도, 빨간 단풍잎도, 장미 꽃송이를 보면서 입맞춤도 하셨는데 불과 2년 사이에 하얀 눈길을 걸으신다. 나의 삶도 늙어져 하얀 길을 갈지도 모른다. 미래의 자화상이다. 엄마, 엄마라는 단어를 부를 수 있는 날이 길어지기를 소망한다.

I See My Face in Hers

Whenever Mama rejects a meal, I feel frustrated.
Whenever her eyes begin to fade,
As when a child, I would sometimes take a fall-
A pain throbs within my heart.

When she asks for coffee,
I deal out a spoonful of porridge first,
Like a baby, Mama eats well.
Taking three sips of coffee,
She smiles at me, eyes level with mine.

I say to Mama, "Let's take a picture together."
(When that was exactly, I can't remember.)
 "Mama, say 'Cheese!' "- But she says, "Cheese Whiz!"
I wonder who taught her that ?

A nurse is singing *What's Wrong with My Age ?*
When she reaches the part, *"It's just the right age for love!"*
She gives Mama a big high-five.

With her clear eyes, pure eyes of a child,
I am sometimes a daughter,
And sometimes a niece-
To Mama.

Every day, my heart is trampled upon by the cruelty of time.
Her face is a reflection of my own.
Worries of my sons' futures surface in my mind.
I, too, am a mother- their mother.

Mama!
Even though you can't be cured, may time pass more slowly.
Last long, these moments spent with you and me.
Even though I've become your niece, I am still your daughter.
I love you.

제3막
Third Act

하늘과 땅 사이에서
Between heaven and earth

길 @ 유휘경

아무것도 하지마라

손짓 하나

바람 하나

우주 하나

너희는 아무 것도 하지마라

그저 그 품에서 살라

시작노트 _
살아오면서 얼마나 내 뜻대로 계획하고 실행하며 살았던가. 생각과 행동 그리고 자녀를 키우는 일까지 모두 내 마음
대로였다. 그러나 결코 그럴 수 없음이니 오직 그분의 계획만으로 살아왔었고 앞으로도 그 안에서 살 것이다. 하루
하루를 최선을 다하여 살 뿐이다. 그 품에서 …

Don't Do Anything

Hand, don't move.
Wind, don't blow.
Universe, don't exist.
Don't do anything.
Just live in His arms.

삿뽀로의 겨울 @ 전성아

눈

세상사와는 아랑 곳 없이
하얀 눈은 때를 따라 내려
깨끗함으로 훈육하며
세상을 덮는다

당신의
때 묻지 않은 세상처럼

시작노트 _
하얀 눈이 세상을 덮을 때 아무리 지저분한 것들일지라도 아름답게 보인다. 마치 그분의 말씀이 이 땅을 사랑으로 아름답게 만드시며 우리에게 깨끗한 마음으로 살라 명하시는 것처럼 …

Snow

Regardless of our mundane matters,
White snow falls in season,
Teaching us what purity is,
Covering the earth,

"You -
Your world should be like this."

비오는 날 @ 배현주

내 마음의 시편

주님은 억지로
빛나게 하지 않으며

태양처럼 달빛처럼
스스로 빛나게 하시니
순행함이 위대하도다

광대한 운행
누리는 영광
영원한 생명이어라

시작노트 _
아침이면 태양을, 밤이면 달빛을 항상 보며 살았지만 그 모든 것들이 그분의 일임을 기억하며 살지 않았다. 겨울이면
춥다고, 여름이면 덥다고 투정만 하던 어린아이와 같은 시간들이었다. 어느 날 광대하고 위대하신 그분의 운행을 깨
닫는 순간, 헛된 삶이었음을 알게 되니 영원한 생명으로 가는 길이 얼마나 귀한 시간인지 감사드릴 뿐이다.

A Psalm of My Own

The LORD doesn't force
Any light to shine.

Naturally, the sun or the moon,
He allows each one to shine on its own,
Traversing its great course.

O limitless race,
Receive thy grace -
The glory of eternal life!

우연 @ 서좌원

무력하다

이제껏
하늘이 내 것인 양
지금껏
땅이 내 것인 양
그렇게 살았다

그러나
어느 것 하나
내가 이룬 것은 없다

그저
이끌리고 당겨지는 자연의 법칙에
심기고 싹 트여 꽃 피우고 열매 맺음에
울고 웃었을 뿐

무력하다

시작노트 _
우리가 살면서 무력하지 않을 때가 언제일까. 그러나 우리는 늘 최대한의 생각으로 계획하고자 한다. 결과론에 집착
하며 성과에 나타난 일로 잣대를 들이대지만 … 결코 우리가 한 일은 아무 것도 없다.

Helpless

So far -
As if the sky is mine,
So far -
As if the earth is mine,
I have lived.

However,
Nothing at all -
Nothing at all is what I've achieved.

Just
Following nature's law:
Planted, sprouted, bloomed and fruited.
I have only laughed and cried.

Helpless.

NOTES _
When aren't we helpless? However, we try to plan as much as possible. We dare challenge to measure our life by its results ···. By no means, there's nothing we have really achieved.

양밍산 _ 대만 @ 이민재

문

열려 있어도 들어가지 못하고
닫혀 있어도 들어갈 수 있다

누가 열어 주지 않아도
나 홀로 드나드는 문
짝 사랑

그 사랑 성화되어
영원한 영광

주님,
홀로 받으소서

시작노트 _
그 문으로 들어가 짝사랑이 이루어지길 간절히 바랐다. 오직 그 사랑 안에 거하며 그 영광을 주님께 올린다.

The Door

Open, yet I can't go in.
Closed, yet I can.

Though no one opens it,
I go in and out through this door.
On the one side is love.

Sanctifying love -
Eternal glory !

O LORD,
You alone receive.

십자가(아버지 사랑) _ 연리문 공법, 2015 @ 이운재

곤고한 날의 풍경

떨리고 구부러지고 문 닫히고
적어지며 두렵고 놀랍고
은줄이 풀리고 금 그릇이 깨질 때
모든 것이 낙이 없다

파멸로 가는 종결의 모습이여
회피하고자 하나 피할 길이 없다

형통한 일만 생각하고
곤고한 날 없기 바랐다

곤고한 삶은 복의 통로
영원한 집으로 가는 길

가끔 죽비를 맞아야
영혼이 잠에서 깨는 것처럼
목숨 걸어 곤고함을 누리리라

〈전도서 2장 말씀을 듣고〉

시작노트 _
여름이 되면 모두 휴가지로 떠나지만 우리 교회에서는 사경회를 한다. 전도서 말씀을 듣고 보며 지난 시간의 어려움을 떠올렸다. 가정을 이루고 서툰 삶의 반복이 어설프고 내 생각에 맞춰지지 않았을 때 좌절하며 포기하고 싶었던 순간이 얼마나 많았을까. 이런 생각을 하는 것이 어디 이번뿐이랴. 살아오면서 힘들고 지칠 때 그것이 복의 통로이며 영원한 집으로 가는 길임을 알았다면 원망도 누구 탓도 없었으리라. 가끔 찾아오는 곤고함을 기꺼이 누리리라.

Landscape of a Hard Day

Crouched down, trembling behind closed door,

Small and scared, ready to be surprised,

When that silver cord is severed, when that golden bowl is broken,

The joy in everything will cease.

Everything will soon come to ruin.

I search for a possible way to escape.

Convincing my mind that things may go well.

Surely there must be a day without suffering!

But a hard day paves the road to blessing,

The path to an eternal dwelling.

Some days, we need to take a beating,

To awaken the soul.

I'll get through this day, too!

⟨After studying Ecclesiastes chapter 2 ⟩

NOTES _

We have a Bible class in our church during summer when others go on a vacation. I'm reminded of my hard times after studying Ecclesiastes. How often I became frustrated, and wanted to give up everything. I felt so clumsy after having a family. Was it my first time to think like that? I wouldn't have blamed any one If I had known that exhaustion was the passage to blessing and to an eternal home. I shall enjoy the hard days from now on.

기다림 @ 최인자

기다림

주님 나라 사전에
기다림이란 없다

죄 많은 우리가 급한 마음에
지어낸 죄스러운 단어

그냥 걸어가면 되는 것
길을 만나면 걷고
물을 만나면 건너고
가시덤불 헤쳐 나가면

그 길이 곧 나의 길
주님의 이끄심
그것이다

시작노트 _

기도를 드리며 내 뜻대로 이루어짐이 기쁨이었고 그것이 복인 줄 알고 살았다. 알지 못한 채 나의 기준으로 판단하고 슬퍼하며 낙망하며 딴 길로 갔다. 기도가 이루어지지 않은 채, 기다림이란 나를 엉뚱한 곳에 서게 하였고 그 서 있는 곳이 곧 되돌아가야 하는 반환점이란 것을 알게 되었다. 주님의 이끄심은 자애롭다.

Waiting

In the LORD's dictionary,
There's no word for "waiting."

Unrighteous people
Made that word.

We just need to walk.
When we meet a road, to walk it;
When we meet a river, to cross over it;
When we meet a thorn bush, to go through it -

This way is my way.
This is the way
The LORD leads.

고마움 @ 신춘지

동행

자꾸 눈물이 나는 건
자꾸 슬퍼지는 건
자꾸 아파하는 건

떠난 사람 그리워가 아니라
혼자이기 때문이야

그러나
내 곁에는 언제나
그분이 떠나지 않고
발자국조차 남기지 않고
나를 업고 가시는 거야

등 뒤에 업히면
따스하다, 평안하다
등에서 내려서면
씩씩하게 웃으며 기쁘게 걷는 거야
나와 동행하시니 겁낼 것 없네

시작노트 _
동행이란 일정한 곳으로 길을 같이 가거나 오는 것을 말한다. 혼자라 느낄 때 외로움이라는 단어를 떠올린다. 그러나 그것도 잠시 … 나를 등에 업고 나의 발자국은 남지 않고 그분의 발자국만 볼 수 있다니 얼마나 감사한 일인가. 엄마가 어린아이를 등에 업고 갈 때 편안히 잠드는 천진난만한 아이의 모습처럼 …

Accompanied

The reason to weep again,
The reason to be sad again,
The reason to be sick again,

Is not because I miss someone who is gone,
But because I am alone.

However,
Beside me always,
The LORD lives,
Without leaving any footprints,
He carries me.

From upon His back,
Peaceful and warm,
He sets me down again.
This time, I walk along bravely, smiling,
Without any fear- because I am accompanied.

한가족 @ 이제구

선한 길에 서서

하늘과 구름을 마주한 저녁
붉게 물들어가고
복 있는 자 찬 서리에도
포근한 말씀으로 몸을 녹인다

칭의가, 성례가 무어라 설명 못해도
풍요함과 견고함에 다시 또 걷는
노을 길

뒤 따라 오는 이 나를 앞질러도
미소로 마주하며 등 밀어 주리

우리 가는 선한 길에 서서

시작노트 _

뜨거운 여름을 등 뒤로 하고 황금 들판 벼이삭 고개 숙일 때, 파아란 가을 하늘에 흰 구름을 보며, 해질녘 붉은 노을이 물들어 사위를 어둡게 만들어가는 시간. 자연섭리에 가슴이 녹는다. 더하여 말씀위에 나를 눕히고 위로받는 시간이 된다. 우리가 가는 선한 길은 그분이 먼저 걸어가신 길이다.

Standing on the Road of the Good

An evening facing the clouds of heaven,

And a reddening sky,

Blessed is the one who, even among the frost,

With a warm word melts an icy soul.

Who, though "justification" or "the sacraments" is unable to explain,

Walks again firmly, rich in abundance,

On this sunset road.

A person behind me may overtake me,

But smiling, with a hand on his back- I'll just give him a push,

As we stand along the road of the good.

천연아로마소이캔들 _ 향초공예 @ 배장은

새벽 기도

별 없는 새벽
비 내리는 겨울

마음엔 별이 뜨고
하얀 눈 내리는 시간

소망이란 단어 하나!
수많은 생명 살아 숨 쉬는 시간
고통 후에 누릴 영광의 증표

살아야 하는 거침의 미학
누리는 광야의 분복
옛길과 같이 세우리라

시작노트 _
그 옛날 할머니가, 그 뒤를 따라 어머니가 하얀 새벽길을 열고 두 손 모아 드리던 기도는 지금도 여전하다. 살아 숨 쉬는 생명의 말씀이 기도가 되고, 그 기도가 감사로 이어져 고통도 이기고 누림의 날들이 되었다. 거친 세상을 아름다운 언어로 답하며 새벽을 깨우는 별들의 속삭임이다.

Sunrise Prayer

A dawn without stars,
A winter's rain.

The stars are in my heart,
Where white snow falls.

There is one word: "wish!"
When the enormousness of life is breathing.
The evidence of glory after pain.

There is beauty in the toughness of survival.
In this wilderness I'll find a blessing.
I shall build it like the old road!

빗물 @ 박선미

장맛비

밤새 쉬지 않고 장맛비는 내 등을 두드렸다

아침이 찾아오고 나서야
안개비로 바람에 떠밀려 능소화 어깨에 머문다

얼마나 기다려야 흔적을 지울까
부드러운 손길로, 눈길로 온몸을 쓸어주는 안개비

늦은 후회지만 싫지 않았던 허무한 고백
'미안해, 미안해. 당신 말이 다 옳아' 그랬다

장맛비는 다시 내 등을 두드린다
안개비가 되어 어깨에 앉을 때까지

바람이 멈출 때 사랑 비는 내린다

시작노트 _
장맛비에 능소화는 땅바닥에 흐드러지게 떨어져도 여전히 내리는 안개비는 바람이 멈추고서야 사랑 비로 바뀌었다.
그이가 투병 중에 힘없이 하던 고백이다. 평생을 살면서 아팠던 상처가 사랑으로 덧입혀 얼음 녹듯 녹아내렸다. 아린
순간들이 바람과 함께 스러져갔다. 여전히 사랑 비는 내리고 있다.

The Rainy Season

A heavy rain beats on my back all night.

Not until morning,

Does it rest on the shoulders of the trumpet vine's flower,

Carried along by a breath of mist.

How long will it take for all traces to disappear ?

To encompass my whole body with a gentle touch, a gentle gaze of mist ?

It's too late for regret, yet I don't hate the idea of a vain confession.

"Sorry. I'm sorry- you were right."

A heavy rain beats on my back again,

But not until it comes to rest on my shoulders, does it become a mist.

제4막
Fourth Act

"그의 입맞춤으로 내게 입 맞추게 하소서"
(아 1:2)

Let him kiss me with the kisses of his mouth:

(Song 1:2)

그래도 사랑해

까마득히 돌아오지 않을 길로 떠난
그이를 보낸 여울의 시간 2014년

얼마만큼 자리에 서야 마음 성성히
웃는 마음으로 살아 갈 것인지

일 년을 보낸 지금의 이 자리가
마치 10년을 보낸 듯 느린 시간

소복한 눈으로 반기고 꽃으로 만나고
빗소리에 안기고 낙엽으로 함께 걸었다

슬프면 슬픈 대로 기쁘면 기쁜 대로
아프면 아픈 대로 스물거리며 타오르는
애증을 넘어선 쓰라린 그리움

가슴은 그대로인데 만져지지 않는 빈터의 바람
어느새 여울지는 하얀 빗물

그래, 그래도 사랑해
떠났어도 사랑해

살아있어 다 못한 말, 사랑해
사. 랑. 해.

I Love You, Even Though

There is a far-away path that, once a person goes along it, they can
never return.
In 2014, the year it all happened, I sent my husband there.

How long must my heart take
To live again with a smile ?

Now the time of a year has passed,
As if ten.

To welcome a piling snowfall, to meet a flower,
To hug the sound of the rain, to take a walk with the fallen leaves.

If sad, then sadly. If joyful, then joyfully.
If sick, then in sickness- burning, crawling,
Hating, but missing- overcome by longing.

In my breast, an intangible wind of emptiness blows.
In no time, a white rain into swift current flows.

Yes, of course I love you,
Even though you've left me, I still love you.

The words I failed to speak when you still lived,
"I. Love. You."

시작노트 _

까마득한 길로 떠난 그 시간이 일 년이다. 길을 걸어도 밥을 먹어도 웃는 일이 있어도 기쁜 일이 있어도 늘 구멍 뚫린 가슴은 담아내지 못하고 다 흘리고 말았다. 얼마나 지나야 성성히 웃고 살지 모를 일이다. 살아 있을 때 왜 사랑한다고 말하지 못했을까? 떠나고 난 후에 마음 깊은 곳에 숨겨 두었던 고백을 하고 있는지 모르겠다. 이제 곁에 있는 소중한 사람에게 사랑한다고 고백할 시간이다. 때를 놓치지 말고 사랑한다고 말하세요. 지금 이 순간 바로!!

NOTES _

A year has passed since my husband passed away. I have always had an empty heart even while walking, eating, laughing and enjoying life. How long will it take to live again with a smile? Why didn' t I say I loved him when he was alive? I am confessing my hidden heart. It' s time to confess your love to your loved one, too. Don' t miss the chance- right now!!

솔섬이 보이는 순천만 _ 캔버스에 아크릴 @ 안철수

아! 2014년

스물세 해 순천의 삶을 접고
다시 찾은 내 고향 서울
사랑하는 이를 떠나보내고
홀로 사는 법을 시작한 그 해

아침에 눈 뜨면 인수봉 보이고
학창시절 다니던 교회 십자가 보인다
빨간 벽돌 찍어내며 한 줄로 서서
릴레이로 벽돌 나르던 교회당

새롭게 옮긴 교회는 건물이 없다
빌려서 사는 인생과 같아 좋았다
작은 힘도 대형교회 벽엔 기대지 않기로 했다

너희들은 아무 일도 하지마라
다 내가 할 것이다
오로지 말씀 안에서 행하며 살아라

보이지 않는 견고함으로
무형의 유산을 남기며 살다 죽으리라

잊지 말고 살 일이다
첫사랑!

Ah! 2014

After twenty-three years in Suncheon,
I return to my hometown, Seoul.
After sending away my loved one,
I start to live my life alone.

In the morning, opening my eyes to Insubong Peak,
I see the cross of the church I went to.
Red bricks all standing in a line,
A church of bricks, one after another.

The new church doesn't have a building.
It's good, like our borrowed life.
A big church's brick wall has but little strength- I won't lean on it!

"You, don't do anything.
I will do it all."
Live by these words, and you will truly live.

Through a strength unseen,
I shall die, leaving an intangible inheritance.

Don't forget this one thing in life:
Your first love!

시작노트 _

2014년 스물세 해를 살던 순천을 떠나 서울고향으로 돌아왔다. 15개월 된 큰아들을 안고 서울을 떠났으니 이제 25살이 되었다. 긴 시간을 보낸 순천이다. 그러나 다시 돌아온 서울 그것도 어린 시절 믿음생활을 시작한 곳, 바로 이곳으로 이사를 했다. 여고시절 벽돌을 나르며 짓던 교회당이 건너편에 보이고 등교길에 바라보며 걷던 인수봉이 나를 반긴다. 이 넓은 서울 하늘아래 하필 이곳일까. 그것은 초심을 생각하라는 그분의 명령이었다. 첫 사 랑!!

등대 @ 노승수

섬

바보야
우린 섬이야

서로 외로운 섬
외롭지 않게
기쁨으로 견디는 섬이지

그래
우린 하나의 섬이야
바다에 홀로 있는 섬

빛을 찾는 이에게 등대 되고
가슴으로 스미고자 하면
다리 만들어 안아주는 섬

태풍에 삼켜지면
이내 햇살에 새 살 돋아
연두 빛 버들가지 흔들며
다시 건너게 되는 섬

바보야
우린 섬이야

시작노트 _
섬은 늘 외롭다. 홀로 있기 때문이다. 그러기에 사람은 사랑을 하며 외로움을 해소시키고자 한다. 하지만 사랑을 한다고 해서 외롭지 않은 것은 아니다. 섬과 섬을 잊는 다리가 필요한 것이다. 사랑한다면서도 인자한 다리가 없다.

An Island

Fool!
We are all islands.

Lonely islands,
Not meant to be lonely,
But islands standing with joy.

Right,
We are all islands,
Alone in the ocean.

But to be a lighthouse to the one seeking light.
If one desires your embrace,
Build a bridge and embrace that island.

If destroyed by storm,
Soon, by sunshine, new flesh will sprout.
By the wave of a spring green willow,
The island will again reach out.

You fool,
We are all islands.

NOTES _
Islands are lonely all the time because they are alone. So people love each other for the sake of relieving that loneliness. However, we still can' t say we aren' t lonely. We need a bridge to connecting us to other islands, but there' s no truly gracious bridge.

순천만 갈대밭 ⓒ 안철수

잊는 날

배꽃이 흐드러지는 땅
얼음 된 마음
안개이고 싶다

성근 눈물
마음에 흘러도
지워지지 않는다

열차 칸 옆 자리
서러움 한 자루

그립다 한들,
애증의 세월 뒤로하고
햇살 드리워 살다보면
그득한 사랑 빛 채워지리라

시작노트 _
서울로 이사와 다시 순천을 찾아 가는 날, KTX 열차에 앉으니 투병하던 내내 함께했던 옆자리가 휑하니 서럽다. 애증으로 걷던 길이었다. 너무 힘에 겨워 짜증도 냈고 어느 날엔가는 주저앉아 울기도 했다. 햇살 드리워진 창가에 앉아 사랑 빛으로 채워본다.

Forgetting Day

In a beautiful land of pear blossoms,
Lies a frozen heart,
Which desires to become a mist.

Loosed tears
Flow through that heart,
Tears which never leave.

Sitting beside me on the train,
Is a suitcase full of sorrows.

Though I may miss
The life of love and hate now left behind,
I will live in sunshine -
In the fullness of love's light.

그리움 @ 박선미

오지 않는 사람

도착할 비행기 시간을
눈 여겨 보며
현재 시간에 눈길을 모은다

앞으로 30분 후 쯤
만나게 될 얼굴

그러나
기다려도 오지 못 하는 사람도 있다
내가 가서 만나는 그날까지

부끄럽지 않게 만나리라
어느새 자판이 흐리다

잊은 줄 알았는데

시작노트 _
작은 아들이 여행길에서 돌아오는 날. 공항 대기실에서 기다리다 문득 그이 생각이 났다. 여행에서 돌아오는 사람을 기다림이란 시간이 되면 돌아오지만 그이는 돌아 올 수 없음에 눈앞을 가리는 서러운 눈물이 흐른다. 잊어야지, 잊어야지 아니 잊혀지지 않을 거야.

The One Not Coming

The flight will be arriving soon.
I look intently- "hurry."
Eyes fixed on the current time.

In half an hour,
The face I'll meet ⋯

Though I wait,
There's one not coming.
Until the time I go to him ⋯

I'm not ashamed to meet him then,
Though currently, my keyboard's blurry.

I thought I'd forgotten.

프로포즈 _ 도자기공예 @ 박광임

고백

육신은 조금씩 녹아져도
영은 나날이 새 살 돋고

내 삶은 하늘에 닿아
하루하루 거미줄 치듯

영롱한 빛으로 빛나리라

시작노트 _
반평생 넘게 살면서 진정한 마음을 표현할 수 없었다. 이제 겨우 가느다란 소리로 마음가득 드리는 때늦은 고백이다.
조금씩 알아간다는 기쁨과 미처 알지 못했다는 송구함이 포물선을 그리며 가슴을 두방망이질 하지만 그래도 기쁨이
더하다.

Confession

Little by little does thaw my body,
Within my spirit does sprout flesh anew.

To the heavens does reach my life.
Day by day, like the spider's web -

I will glisten in the light.

NOTES _
I couldn' t express my feelings to my husband, even while living together for over half of my life. It' s too late for a confession with a full heart but a thin voice. The joy I have come to realize and the feeling of sorrow both come to my heart together, but the feeling joy is much greater.

대대포구의 가을(8P-2009년작) _ 캔버스에 아크릴 @ 안철수

꿈

오랜만이네요
그리도 모질던 세월
등지고 떠나 모습조차 없더니
어인 행차이십니까

서운한가 보오
찾지도 않고,
만날 오지 않는다며
역정이 하늘이더니
그리도 보고픈 거요

참으로 놀라고 가슴이 뛰었다오
진정 나 몰라라 할 줄 알았더니
그 세월에 비친 달빛이
물결위에 떠 있는 살결임을
이제야 알았다오

고맙소
이렇게라도 꿈에 보여주다니

시작노트 _

그이가 떠나고 일 년 즈음에 처음 꿈에 보였다. 시댁 어르신들은 환한 모습을 보셨다고 이야기를 하셔도 내 꿈에는
보이지를 않았다. 그러다 오늘 드디어 보았다. 밝게 웃는 모습과 은빛 광채를 등에 지고 천천히 숲속을 걸어 나오던
모습이 눈에 선하다. 꿈이어도 참 좋다. 다시 볼 수 있기를 기다리며 …

The Dream

It's been ages!
And these, tough times.
You just left and never came back -
So why do you come here now

It must be regret!
You never visit,
Never return.
I'm welled up with anger -
I miss you.

My heart pounded!
I thought you'd gone your own way.
I saw the moonlight of the ages
Glimmering on the water- it was your reflection,
I came to know.

Thank you,
You showed up in my dream.

휴식 @ 이연옥

그대에게 가는 길

살그락거리는 세월 끝
무명실에 묶어 두고픈 사람아

초생 달 빛 따라 먼 길 떠난
휘어진 소나무 같은 사람아

얼음장 밑 흐르는 물
다시 얼어도 돌아오지 않는 사람아

화살나무 단풍져 화사한데
그대 가는 길에 붉은 빛 뿌려두고

언제일까
그 길 잊지 않고 따라가리라

아름답고 평화로운 그곳에서 만나리
사랑하는 사람아

시작노트 _
사랑하는 이를 보내고 시간은 어김없이 흘러 다시 돌고 돌아 꽃이 피고 낙엽 지며 다시 얼음이 얼어도 그이는 돌아올 수 없다. 안다고 해도 생각하지 않는다 해도 어느새 생각 속엔 온통 그이뿐이다. 공간 속의 부재, 시간 속의 부재를 어이 채울까.

The Way to You

At the end of an age, the crisp cloth unravels -
I want to tie you with that strand.

Following the crescent moon down a distant road,
One like a crooked pine tree goes.

Water which flows beneath the ice,
Will turn again to ice- yet you will not return to me.

Leaves of the maple change their shades,
Sprinkling red lights along my way.

When will it be ?
This way I' ll follow faithfully,

Until we meet in the land of beauty and peace,
O, love of mine.

나미비아의 붉은 사막 _ 야경 @ 박진호

장맛비 동그란 신발

장맛비 포기마다 그림자를 남기고
뽀얀 먼지를 일으키는 작은 마당엔
동그란 신발 천지다

하얀 원피스 끝단 살짝 두 손으로 들치고
맴맴 돌며 온 우주를 끌어안는다

달님도 별님도 해님도 따라 오르고
찬란한 무지개도 떴다
손끝에 물든 봉숭아 하얗게 되어
다시 올 여름을 기다린다

이마에 칡넝쿨 드리워도 장맛비 동그란 신발
여전히 동네 운동장에 그대로 있다

시작노트 _
장맛비가 갑자기 쏟아진다. 가까운 학교 운동장으로 들어가니 사선으로 내리긋는 빗줄기가 모래들을 간지른다. 동그랗게 둥근 신발을 신기는 재주가 있다. 툭툭 떨어질 때마다 만들어지는 동그란 신발들이 운동장 가득 장맛비 리듬에 맞춰 춤을 춘다. 저 멀리 분홍 원피스를 입은 어린이가 귀여운 모습으로 빗줄기 따라 함께 춤을 춘다. 아름다운 추억이 다시 물들어간다.

Rain's Little Round Shoes

With the rainy season come little left-behind shadows,
Tiny forms in the dust of our small yard,
Little round shoes- so many of them!

The curtsey of a fair white dress,
Circling, hugging the whole universe.

Trailing behind are the gentlemen sun, moon and stars,
A gorgeous rainbow does quite an entrance make!
The color of summer is fading from my fingertips.
I'm waiting for its return.

Though the vines of the forehead drape ever lower,
Rain's little round shoes still tramp about the neighborhood.

강릉 앞바다 @ 이강숙

맨 발이 준 선물

바닷가를 다녀온 신발 속에
모래알이 남아 있다
발바닥에 닿는 감촉이
긴 시간의 무게로 밀려온다

파도가 부딪히며 소리 내 울고
수평선 끝에서
다시 돌아온 시간들
고운 모래 되어 반짝인다

맨발이 준 선물
그 바닷가의 숱한 사연 한 줌
내내 잊혀지지 않을 연서

무엇이 되어 다시 만날까
다시 가고픈 그 바닷가

달빛도 참 좋았지
그래, 그랬지

시작노트 _

바닷가를 다녀온 며칠 후, 신발을 신다 보니 신발 속에 바다내음 가득한 모래알들이 발바닥을 자극한다. 잊었던 시간들이 파노라마처럼 스치고 안개 자욱한 먼 바다가 내 앞에 서 있다. 달빛조차 어우러지던 그 바닷가로 내 손을 이끌고 가 어느새 그 자리에 서 있다. 흔들거리던 그네도 여전하다. 수 없이 찍혀 있던 발자국들도 여전히 남아 있다.

The Gift That Bare Feet Gave

In shoes worn on the beach,

Sands remain.

My soles feel it there,

And with it, the weight of a long time comes.

Waves weep

At horizon's edge.

Those times return,

Shimmering into soft sand.

The gift that bare feet gave -

A handful of stories among common ones,

And a never-forgotten love letter.

When we meet ⋯ what will we've become ?

I want to walk that beach again.

The moonlight was good there -

Yes, it was.

NOTES _
After I went to the beach, I found my shoes full of sand and smelling of the ocean. Forgotten time passed me by, and the far-away ocean was just in front of me. Soon, I was brought to the moonlit beach. The swaying swing is still there. Numerous foot prints are still there, too.

소망 @ 이강숙

세 번째 나무계단

울창한 숲을 준비하는 초여름
휘돌아 멈춘 그 곳에
철쭉꽃 민들레 홀씨
우리를 반긴다

나란히 자리한 안식처
그 사이에 나무계단이 있다
오르기도 내려가기도 했다

아무런 약조도 없이
침묵 속에 구름기둥이 세워지고
어찌하자는 물음도 답도 없었다

질경이 토끼풀 잡초를
호미로 캐내어 양지쪽으로 던진다
다신 아픔으로 오지마라
더는 아프기 싫어

세 번째 나무계단
지금도
삐그덕 소리를 낸다
님의 발걸음이다

시작노트 _
삐그덕거리는 계단을 오르내리며 한동안 잊었던 시간들이 시작됨을 깨달았다. 약속도 없이 시작되는 우리 삶의 한 조각이 퍼즐처럼 맞춰지기 시작했다. 뜨거운 여름날 잡초를 뽑아내듯 다시는 아픔을 겪기 싫어하는 사람의 본능에 나를 보호하려는 본능까지 모두가 삶의 일부분이다. 님의 발걸음 소리까지 …

The Third Wooden Stair

Early summer decorates the woods.
As we come to the forest's edge,
Azaleas and dandelion puffs
Welcome us.

Two gazebos side by side,
A flight of wooden stairs between,
Leading up, and leading down,

Without any promise,
A pillar of cloud stands in silence.
"What to do ?" yields neither question nor answer.

Digging up weeds and rabbit grass,
With a hoe, I toss them into the sunlight.
"Pain, don't come back."
"Sickness, I hate you."

And the third wooden stair,
Even now,
Still creaks -
It's his step.

NOTES _
While going up and down the creaking stairs. I realized that forgotten time had begun long ago, A piece of our life' s puzzle which started without a plan is now starting to be solved. The instincts not to experience pain agin and to protect myself are just part of my life now.

엽서 @ 린

나의 사랑은

나의 사랑은
곰삭은 홍어와 같다

시큼한 김치와 푹 고은 삼겹살
조화로움과 맛이 어울어지다

비록, 아름답지 않고
냄새가 심할지라도

입안에서 녹는 그 맛
그 무엇과 바꾸리

나의 사랑은 곰삭은 홍어다

시작노트 _

젊은 시절의 사랑은 외모와 행동, 그리고 생각이 전부이다. 지금 나이에 사랑을 다시 할 수 있을까 하는 생각이 들지만 비단 기회가 오지 않는다 하여도 사랑은 가슴에 담고 살아야 한다고 생각한다. 많은 경험을 하고 살아온 시간에 익숙해진 삶의 여정이지만 사랑이란 늘 내 곁에 머물고 있으리라. 노란 수선화처럼 살랑이지 않고 붉은 장미처럼 열정적이진 못해도 살비듬 뽀송한 목화 꽃처럼 늙어가는 흰색이며 소박함이다. 오래 묵어 곰삭은 홍어, 냄새는 진동하지만 묵은지와 삼겹살 곧 삼합으로 엮여진 기막힌 조합처럼 해묵은 사랑이다. 나이가 들면서 거리에서 나이 드신 노부부가 다정하게 손을 꼭 잡고 걷는 모습을 보면 나도 모르게 다시 한 번 그들의 얼굴을 쳐다보게 된다. 얼굴에 칙칭 쿨 드리워져 있고 등은 구부정해 있어도 아무 상관없다. 그저 그 모습 그대로가 아름답다. 사랑이기 때문이다.

My Love

My love is like
Fermented skate fish,

Sour kimchi and aged pork belly,
Two tastes living in harmony.

Though not pretty,
And quite smelly,

Tastes all melt inside the mouth -
To what else can this be compared ?

My love is like fermented skate fish.

린 Linh Pham @ 지준혁

보랏빛 등꽃아래 서면

보랏빛 등꽃아래 서면
보랏빛에 물들어 창백한 소녀가 된다

보랏빛 등꽃 따라 하얀 나비 맴돌다
다 피지 못한 등꽃 하나 가슴에 품고
이지러지지 말라 고백하며
배롱 꽃처럼 여름을 지켜주기를
소망하고 소망한다

보랏빛 등꽃아래 서면
환영한다는 꽃말처럼
온 세상을 다 안아주고 싶다
시원한 그늘 아래 앉으면
그곳이 천국이다

보랏빛 등꽃아래 서면
흔들거리는 꽃마다
그리운 이의 향기가 난다
바람결처럼 스쳐 지나간
인연의 흔적이 여전하다

보랏빛 등꽃아래 서면
함께했던 그 사람의 웃음이
잎새마다 메아리 되어
가슴이 젖는다

Standing Beneath the Purple Wisteria Tree

Standing beneath the purple wisteria tree,
I've become a girl whose violet fades.

A white butterfly flies along, hovering on blossoms.
I grasp an unflowered bud to my breast,
And tell it not to die -
To hang on to summer like the myrtle,
I wish and wish and wish.

Standing beneath the purple wisteria tree.
In the language of flowers, it says, "Welcome."
I want to embrace the whole earth.
Sitting in the cool shade,
It's heaven.

Standing beneath the purple wisteria tree,
From every trembling blossom,
Comes the scent of the one I long for,
Carried on the wind -
Just a remnant of what we shared.

Standing beneath the purple wisteria tree,
His laugh along with mine,
Echoes in every leaf,
And soaks into my heart.

시작노트 _

유난히 보랏빛을 좋아하는 나는 등나무 칡 오동나무 난초 가지 고구마 배롱나무 꽃들을 좋아한다. 일본 카와치후지엔 등나무 꽃 축제에 가보는 것이 버킷리스트에 들어 있다. 산이나 들로 가서 아주 작은 야생화의 보랏빛은 더없이 앙증 맞고 사랑스럽다. 보랏빛은 고혹한 사랑이다. (야생화 보랏빛 꽃은 맥문동, 각시붓꽃, 부추꽃, 제비꽃, 얼레지꽃 등이 있다)

사랑 @ 김인숙

사랑

아무 말 없이
그냥 있어도 우린
눈빛이 알아

저울질 말고
물처럼 흐르면 돼
사랑은 그래

이제는 우리
맑은 햇살 한줌
날마다 쌓자

먼 훗날
누가 먼저 떠나도
슬프지 않게

시작노트 _
사랑!! 서로 아무 말이 필요 없을 때 그때가 사랑할 때다.

Love's Way

Without one word,
We know.
Within one wink, we know.

Without weighing one another,
Like water, we flow ⋯
Love's way is that way.

We will -
With a little warm sunshine,
While by while, pile it deep.

When long, long after,
One goes away,
The other shouldn't weep.

환희 @ 김우영

이별의 동토

이별의 동토
파릇한 잎새 하나

빗방울로 살찌우며
실한 열매를 꿈꾸다

사랑봄볕 받아
이별상처 아물고
흉터는 삶에 피막

바람을 막고
속살지우는 손길
사랑이 익어간다

이별의 동토
붉은 매화 피다

오늘도 햇살을 먹는다

시작노트 _
엄동설한에도 오지 않을 것 같은 봄으로 걷고 있다. 흰 눈 속에서도 초록 잎이 쏘옥 얼굴을 내밀고 비 한번 내리면 한 마디씩 쑥쑥 자라고 봄바람 속에 붉은 매화가 만발한다. 햇살이 더불어 살찐다.

The Tundra of Farewell

On the tundra of Farewell,
One green leaf,

Grows on drops of rain.
Dreams of becoming fruit.

Warming light of spring
Healing Farewell's wounds,
Scars- the trace of life.

Shelter from the wind,
Plumpness's caress -
Love's becoming ripe.

On the tundra of Farewell,
One red blossom,
Drinks up the sun's light.

삶이 있는 풍경 @ 윤성헌

제5막

Fifth Act

계절과 계절이 만나는 자리

The Seat Where Seasons Meet

목련 _ 보테니컬 아트 @ 나에스더

개망초의 노래

장마의 서곡
하루에도 몇 번씩 울려도
온 산 덮은 개망초 꽃
시름의 길을 내어 일렁인다

앞서 가신 님 찾아 가는 길
다홍빛 참나리 붉은 마음 홀로 뽐내도
젖은 눈으로 시선 주기 어려워라

뉘라서 찾아 줄까
이곳에 홀로 누워 있으니
커피 잔에 그리움 가득 따라놓고
서러운 해후

앉은뱅이 꽃 되어 눈물짓는 하얀 가슴
우지마라

남기신 뜻 따라 올라
천 년 만 년 개망초로 피고지리

시작노트 _

그이가 있는 자리 옆 개망초들이 외로움을 달래주고 있다. 길고 가느다란 목을 바람에 맡기고 흔들거리며 하얗게 꽃으로 피어나 내 대신 그이와 말동무 해 주고 있다. 참 고맙기도 하지 … 그 풀숲 사이엔 보랏빛 제비꽃과 할미꽃이 어우러져 꽃 잔치를 벌였다.

Song of the Mountain Daisy

The prelude to the rainy season
Time and time rings out each day.
Whole mountains cloaked in tiny daisies
Make roads of worry drift and sway.

On the path to find my husband,
One scarlet lily dares show off,
But tear-soaked eyes pay no attention.

Who else shall pay a visit
To one who lies here all alone
Coffee cup poured out with longing -
Another sad reunion comes.

Tears from my white breast of violets flow.
Please, don't cry.

It's what he would've wanted.
To bloom and fade like tiny daisies- ten thousand years will I.

항아리 @ 김우영

쉰여덟 번째 봄

아기들 옹알이 소리 들리고
조막손 들어 손바닥 보이는 봄

단풍나무 어린 잎 천진난만하고
쥐똥나무 연두빛 실눈 감고
부끄럽게 땅바닥에 누운 민들레

섬진강가 벚꽃들 아우성 들리면
그대가 들려주는 사랑가 애닯다

지천에 널려있는 자연의 환희도
빈자리에 서 있어 가슴 시리다는
그 한마디

쉰여덟 번째 봄
참 사랑으로 가득하여라
온 세상이여!

시작노트 _

그이를 보내고 혼자 부른 노래. 나 홀로 맞이한 쉰여덟 번째 봄은 참 춥다. 그러나 그이가 있을 때 더 따듯했던 것은
아니다. 하지만 그땐 느낄 사이도 없이 살았다. 떠나고 나니 추움을 알았고 부재임이 실감났다. 이제 다시 사랑을 시
작하려 한다. 자연에게 따스한 사랑의 눈길을 보낸 봄.

O, Fifty-Eighth Spring!

List' ning to a baby' s babble,

Spring' s fingers sprout to show their tiny hands.

Innocent young leaves from trees o' maple

The wax tree' s squinting eyes cast forth their bright green lights,

And dandelions lay shyly 'bout the earth.

List' ning to cherry blossoms' call, along the Seomjin River,

Alas, t' was love' s heartbreaking sonnet, mine ears did hear thee sing.

Tho' joys of earth and nature delight me with thy grace,

I stand aloft on empty space- a chill within my soul doth ring,

Chanting but a single verse:

"O, fifty-eighth spring -

May true love' s fullness evermore

To you the whole world bring!"

NOTES _
The song I sing alone after letting my husband go. The fifty-eighth spring I met by myself is so cold.
However, past springs weren' t any warmer than now, but I was too busy to feel the cold. After he' s
gone, I now feel the cold in his absence. Now I am about to love again. I stare at nature with warm
heart.

키치너의 아침 _ 캐나다 @ 유선임(Sunny)

5월의 행복 노래

5월의 하늘 오늘도 푸릅니다

스무 살의 연인 기대하지 않아도
서른 살의 도전 정신 만끽하지 않아도
마흔 살의 열정을 불사르지 않아도
쉰두 살의 여유롬과 지는 해의 붉은 빛을 그대에게
하늘가득 보여 줄 수 있어 행복합니다

아침저녁 홀로 걷는 시간들
지나간 시간 채울 수 있고
가슴 가득한 기도문, 그대를 향한 메시지
풀잎 위에 사랑을 굴려도 행복합니다

시작노트 _

언제나 한 마음으로 한 곳을 바라보고자 하나 인간의 한계는 늘 변심이다. 성숙하고자 하나 다시 철부지가 되고 어른
이 되고자 하나 어린애처럼 된다. 그래도 5월 하늘처럼 푸르게 변함없이 한 곳을 향하여 걸어가련다.

Happy Song of May

The sky is clear again in May.

Not yearning for one's lover of the 20's,
Not tasting the challenge of the 30's,
Not burning with passion of the 40's,
But in the 50's- when this leisure time, life's sunset, calls,
I'm happy to show you, I've done it all !

In morning and evening, these times when I just walk alone.
Are more than enough to fulfill the past.
A prayer from my heart- a message to you,
I'm happy to see love roll on the grass.

선암사 계곡(8F-2012년작) _ 캔버스에 아크릴 @ 안철수

봄아, 꽃시장 가자

봄아
우리, 꽃시장 가자
한 아름 베이지 빛 후리지아 안고 오자
우리의 삶처럼
사랑 밖에 서 있는 꽃도 찾아보자
기어이 뽐내고자 하는
삶의 냄새 흠뻑, 가슴에 담아오자

만나면
붉은 꽃은 무얼 말할까
노란 꽃은 무얼 말할까
접어버린 꿈은 무슨 빛일까
안개꽃 눈물도 나왔을까
보랏빛 추억도 사자
화관 만들어 머리에 쓰고
남은 것은 유리병에 담자
햇살도 찾아와 찰랑이며 함께 놀 거야

먼 훗날
사랑도 늙어 시름겨운 날
사랑하는 내 젊음에
고화(古花)로 마름한 화관 씌우며
삶의 수고 담아내며 살았다 할 거야
변하지 않을 삶은 나의 사랑
고화되어도 하얗게 손 놓지 않을 여생

봄아
우리, 꽃시장 가자

시작노트 _

봄이 오면 버릇처럼 꽃시장을 찾아 간다. 꽃향기 그윽한 꽃시장에서 마음껏 꽃구경하는 재미가 솔솔하다. 온갖 색색으로 꽃동산 만들고 남은 꽃으로는 고화로 만든다. 고화가 마름하여도 두고두고 바라보며 사랑을 나눌 수 있다. 봄이 오면 다시 꽃시장에 가련다.

Hey, Spring! Let's Go to the Flower Market

Hey, Spring!
Let's you and I go to the flower market.
We'll buy a bunch of freesia.
Like our lives,
Let's find some less popular flowers.
Finally, they should feel like boasting,
Let's grab onto a life of fragrance!

When we meet them,
What will the red flower say?
And how will the yellow one reply?
What color will abandoned dreams be?
And will the baby's breath still cry?
Let's buy some memories in violet,
To make a garland for my head.
Place in a glass jar what flowers are left.
Bring sunshine here- let's hang out instead!

For a long time later,
When my love is old and full of worries grown,
Upon the youth which I once loved,
I'll place a garland of flowers dry,
 "Yes, I've suffered- I've lived!" I'll cry.
My love is my unchanging life.
The white hands of this dried flower will never let you go.

Hey, Spring!
Let's you and I go to the flower market.

NOTES _
I go to the flower market by habit every spring. It's fun to look around the market full of the scents of different flowers. After decorating my home with flowers, I dry the leftover ones. By keeping dried flowers, I can enjoy them for a long time. When spring comes, I will go to a flower market again.

수원성 @ 김준호

봄비

밤새 내린 봄비
한 자락에 다압 백 매화
두 자락에 산동 산수유
하얗게 노랗게 손 내미네

황사 덮인 꽃봉오리
행여 눈인사 나누지 못할까
칡넝쿨 이마에 드리운
어머니 손길로 어루만지다
고운 눈매 끝에 매달린 정

밤새 내려 동트기 전
치맛자락 올리며
되돌아갈 시간까지 나눈 밀어

밤새 주고받은 정분
하얗게 노랗게
꽃 가슴 흐드러지겠네

* 다압 : 전남 광양시 동북부에 있는 매화마을

시작노트 _
봄마다 매화꽃으로 인산인해를 이루는 마을이 다압이다. 섬진강을 끼고 찾아가면 아늑한 분위기를 느낄 수 있다. 건너편에 화개장터와 쌍계사 벚꽃이 유명하다. 다압 마을은 매실로 유명해져서 더 없이 분주한 봄을 맞는다.

Spring Rain

Spring rain falls all night long.
One white blossom here,
Two yellow ones there.
White and yellow, holding hands.

Each bud choked in yellow dust
Worries how its eyes might greet.
Wrinkled foreheads draped along,
A mother's hands caress,
Affection adorning each eyelash.

The rain is over before the sunrise
Turns up the edge of her skirt.
Lovers whisper, *"Farewell- until we meet again!"*

Nighttime's exchange of affection,
White and yellow -
Blossoms' hearts sure to bloom splendidly!

힘 @ 최재호

첫 시월

가을비 한 자락
인수봉은 숨바꼭질

가을비 한 자락
긴 스웨터 꺼내 입고

가을비 한 자락
인생 공부 한 광주리

언제나 처음 만나는
시월 같아라

시작노트 _
매년 맞는 시월이지만 이천십사 년의 시월은 새삼스레 낯설다. 아이들과 나란히 서 있는 그이의 자리가 더 낯설다.
처음 만나는 시월처럼 …

The First October

At the edge of fall rain,

Insubong Peak plays hide-and-seek

At the edge of fall rain,

Find a long sweater- put it on.

At the edge of fall rain,

With a basket of life' s lessons.

Every time we meet

Must be like this October.

NOTES _
October of 2014 feels strange, even though it is the same October I' ve met every year. Seeing him standing there with my sons feels much stranger, like the first October.

산국 @ 이연옥

추국

온몸으로 맞은 서리는 차라리 추억이었다
그 추억 사이로 매서운 밤바람이 스쳐갈 때
혼불조차 아름다운 꿈을 꾸었다

빛바랜 은행나무 잎처럼 세월의 무게가 느껴진다
그 세월 사이로 에이는 바람은 가냘픈 입맞춤처럼
내 영혼의 가장자리를 흔들고 간다

어느덧 석양처럼 물든 꽃잎은 차라리 사랑이었다
그 사랑조차 속절없이 구름처럼 흘러간 자리에
하얀 눈꽃송이로 수놓을 겨울이 오고 있다

시작노트 _
가을이 되면 국화 향이 코끝을 자극하지만 그 향기가 다 하여갈 때 서리 맞은 국화는 겨울로 가는 길목에 서 있다. 흐
드러지게 떨어지던 은행잎처럼 애절한 절규는 석양에 물들어 하얀 눈꽃송이를 만나고 있다.

Autumn Chrysanthemums

Sharp frosts that hit my body are rather memories just,

Whenever may the strong night winds between my memories gust.

Even so, the spirit has but pleasant dreams- it must!

The ginkgo tree's gold fading leaves, time's heavy burden weigh,

For weakness's pale kiss- the winds, among these ages play,

And at its very frosty edge, do make my spirit sway.

My love- a flower which, in no time, with autumn's sunset fades,

Even so, drift helpless clouds of love to far off place,

'Til winter comes and snowflakes white embroider me with lace.

우드스탁의 가을 _ 캐나다 @ 지준경

가을

우리 집에 피어난 노란 국화입니다
받으셨다면 노란 사랑으로 물들어
저녁노을 보기가 훨씬 편할거에요

왜냐면
그 곁에 노란 소국이 있음입니다
사랑은 보이지 않아도 함께 하니까요

그래서
더 그리운 가을입니다

시작노트 _
보이지 않는 사랑, 가을 사랑 편지를 노란 소국 안에서 찾아보세요. 붉은 노을이 질 때 함께 읽어주세요. 소리 없이
당신에게 찾아간 가을입니다.

Fall

A yellow chrysanthemum bloomed in my home.
When I gave it to you, love dyed your heart gold.
Tonight, just relax- watch the sunset unfold.

That's because
Beside you lies a yellow chrysanthemum.
Invisible, yet with you- goes love's conundrum.

That's why
This fall brings more longing than last one.

빛 _ Light, 2013 @ 송성주

초겨울 비

비오는 대치동
가을을 깊숙이 장롱에 묻어두고
마른가지 서 있는 초겨울 서정

나뒹굴어도 좋으리
푸르른 날 또 오려니
비를 맞으며 겨울로 걷는다

어디인 줄 알까
비 내린 차가운 유리벽

포근히 덮을 입김조차 식은
서둘러 내리는 겨울 비

낙엽 한 잎 애절하다

시작노트 _

대치동역에서 내려 지상으로 올라가는 층층계단. 유리로 만든 덮개 위로 커다란 플라타너스 한 잎 툭하고 내려앉는다. 겨울이 시작되는 초 겨울비에 날아가지도 못한 채 유리벽에 붙어 있다. 어디인지나 알고 저렇게 붙어있는 것인지, 나는 지금 어디에 있는지 …

Early Winter's Rain

"It's raining down in Daechi town,

Time to put away the fall, deep into your drawer!"

Among the dried-out branches, sings early winter's poetry.

"It's OK to tumble around!

Clear days will come again ….

I'm just walking towards the winter (and getting hit by rain).

Do I know where I am now?

The rain's become a cold glass wall.

Even the warmest breath can't cover

This pouring winter rain at all!"

Mourns a single fallen leaf.

NOTES _
Stairs to outside exit at Daechi station. Over the stairs, on the glass canopy dropped a platanus leaf. It stuck on the glass wall because of the early winter rain. Does it know where it is? Where am I now, as well?

오동도의 파도-10F-2009년 작 _ 캔버스에 아크릴 @ 안철수

해후

세차게 내리는 비 뒤로 그리움이 보입니다
안개비에 가리운 그림자 더욱 애처롭습니다

능소화는 떠나고 국화가 화사하게 웃는 아침
그이를 만났습니다

꿈속에서 만난 그이의 향기
가슴속 국화가 떠나지 않습니다

그윽하게 코끝을 스칩니다
그이를 만났습니다

시작노트 _
그이를 꿈길에서 만났습니다. 그러나 한마디도 없었어요. 그러면 말은 건네 보았느냐구요? 아니요. 그저 바라만 보
았어요.

Encounter

A heavy rain past is when longing stops by,
Yet sadder, comes mist, in the shadows behind.

The morning mums smile; trumpet vine marches by,
This is where I meet him.

In my innermost dreams does his fragrance drift by,
Memories of mums always spring to my mind.

Breathe deeply that scent, as it passes on by -
This is where I meet him.

사하라의 사막과 낙타 @ 황희상

그 길을 걷고 싶다

팔당호 얼음판 길을 걷고 싶다
털신 신고 긴 작대기로 얼음 두드리며
심봉사 길 안내하듯 그 길을 걷고 싶다

얼음판 아래 숨기운 단발머리 소녀
세상과 싸우는 가죽잠바 아버지
토끼털 배자 입고 종종걸음 뒤따르는 어머니

지난 여름 버들가지 강물에 띄우며
나룻배 노젓던 사공 간 곳 없고
빈 나룻배 노도 없이 얼음에 갇혀 있다

살 어름일세라
소한 대한 얼음일세라

다리가 놓이고 자동차가 달린다
얼음장 밑
소녀의 추억은 그 길을 걷고 싶다

시작 노트 _

어린 시절 방학이면 내려가 지내던 할머니댁은 이제 수몰된 팔당호가 있는 곳이다. 시외버스를 타고 경기도 분원까지 가서 나룻배를 타고 건너던 고향. 겨울이면 꽁꽁 얼어붙은 강을 가로질러 갈 때마다 아버지가 작대기로 확인하며 건너던 강물이 지금은 넓고 넓은 팔당호가 되었다. 어린 소녀시절 추억의 그 길을 걷고 싶은 마음은 그때나 지금이나 다름이 없다.

I Want to Walk that Road

I want to walk on icy Paldang Lake,

A fur-boot girl tapping ice with a stick,

Like a guide for the blind- I want to walk that road.

Beneath the ice hides bobbed-hair girl,

As leather-jacket father fights against the world.

And rabbit-fur-vest mother walks hurried steps behind,

Last summer's willow branch floated here.

The boatman who rowed his boat is gone,

His oar-less boat now stuck in ice.

But this is *thin ice* -

And this is just another winter.

Over lake's bridge cars come and go.

A girl's memory wants to walk that road.

제6막

Sixth Act

또다시 떠나감을 찾아서

Looking For Someone Who Has Gone Away

등 @ 최영철

노란 은행잎

툭!!
발등에 떨어지는
공격적인 소리
세월의 지침도 알지 못하는
무지함에 일격을 가한다

무슨 말이냐구 ?
하긴 이 말을 안다면
무차별 총소리, 물대포도
물에 빠뜨리진 않겠지

노린내 난다고 코를 막아도
찌든 도시의 은행을 주워 먹는
이 땅의 무심한 사람들

어때 ?
연두 빛 고운 은행 맛이 ?
그 열매의 잎은 노란 빛이라네

시작노트 _
세월호의 무참한 일에 대하여 일 년이 지나도 아무 말이 없다. 누가 어떻게 왜 그러한 일을 저질렀는지 또 그 안에 남아있는 인명은 어찌하자는 것인지 세월만 흘러가고 있다. 비통하고 비참한 이 행위를 어떻게 하라는 말인가? 나라가 아닌 나라에 살고 있구나. 미안하단 말도 할 수가 없다.

Yellow Ginkgo Leaves

Tok!
Falling across my feet -
The sound of violence,
Not realizing the age's tiredness,
Makes attack on ignorance.

Don't you get it ?
If they had known what it all meant -
Gun shots ring out indiscriminately; water cannons bellow.
Surely, they wouldn't have let them sink !

Plugging their noses against the stink,
City of filthy ginkgo-pod-eaters -

Mindless ones don't stop to think.

Taste good, do they ?
Your little ginkgo-pods are green,
But the leaves of its tree are yellow !

NOTES _
* The *SEWOL* (In Korean, *'sewol'* means 'ages' or 'time and tide') Ferry Disaster, occurred on the morning of 16 April 2014, in South Korea. The ferry sank, killing 476 people, mostly high school students. The rescue of the sinking *SEWOL* was negligent, and still the cause is not clear. So many citizens suspect illegal activities behind the former government's reaction, and demand they reveal the truth and punish the persons responsible. Citizens' protests have been met with police shooting guns and water cannons at protesters, causing injury and sometimes, death. There's not any word which can describe the *SEWOL* disaster. Who, and why did such things? How will the remaining bodies inside the sunken ferry be found? Anyway, time goes by. How grievous and sad. We are living in a country which feels like anything but a country. I can't say one word, even "sorry". In memory of the lives lost in the *SEWOL* tragedy, the yellow ribbon has become the symbol of grief, healing and protest.

빛과 나무 @ 정 설

담벼락

덕지덕지 더러운 흔적
하나 둘 남겨진 상처
세월호에 잠긴 가여운 영혼의 재
그으르고 타고 벗겨내도 다시 붙여지는
찌라시! 찌라시!
이 땅위에 하얀 담벼락이 되고 싶다

하얀 음률로 뒤덮어
눈물 없는 세상 만드는 오늘

붙이지 마!
남기지 마!
잊지 말고 기억해!

시작노트 _

길을 걷다보면 벽면에 광고지를 붙였다가 뗀 초록 테이프가 덕지덕지하다. 빈 벽이었을 때부터 이렇게 지저분하지는 않았을 것이다. 붙이고 떼어지는 횟수만큼 남은 흔적이다. 세월호의 사태, 그리고 5.18항쟁의 상처가 여기저기 남아 있다. 잊지 말자고 잊지 말아야 한다고 외치고 하여도 여전히 우리는 잊고 있다.

A Wall

Thick and dirty traces,

One or two remaining scars,

The ashes of *SEWOL*'s poor faces.

Smoked, burned, ripped- posted again.

Poster! | Poster!

I wish to be a white wall on this land.

And cover it with my white melody.

"Today, I'm making a world without tears!"

Don't post a poster!

Don't pin one up!

Don't forget- just remember.

NOTES _

Walking along the street, there are too many traces of posters left on the walls. The walls weren't dirty at the beginning. The traces of many, many posters which were posted and ripped and posted again. The wound of the *SEWOL* Ferry Disaster and "5.18" Democratization Movements, (in which hundreds of Korean citizens were gunned down by domestic military police), have come and gone. Claiming not to forget, yet we are forgetting.

열정 @ 이제구

더께

더껭이 앉을까 닦아내고
더껭이 앉은 자리
기억으로 더듬는
비오는 4월의 아침

보랏빛 제비꽃
도시 한복판을 점령해
아우성이고
봄비조차 동그라미 그리며
둥글게 살라는데

어찌 세월만
가라앉은 채 무소식인가

쓸어내고 쓸어내어
더께 앉을 새 없는
어미가슴에 울리는 아리랑

시작노트 _

세월호는 세월만 보내고 있다. 알 수 없는 일들이 나열되고 아무것도 진행되지 않았다. 영화 '다이빙벨' 이 상영되어도, 할 수 있는 일들이 많았다고 외쳐도 아무도 답변하지 않는다. 수 백 명이 죽어가도 눈 하나 까딱하지 않는 나라다.

Encrusted Dirt

Wipe it, not to sit on dirt,

The place where dirt sits.

Trace the memory back

To a rainy April morning.

A violet violet

Occupies the city center,

Crowding it.

Even the spring rain makes circles,

And cries, "Live roundly!"

Why, *SEWOL*,

Is there no news while you sink down ?

Wipe and wipe -

There's no time for dirt to sit,

In a mother's heart where sad songs ring.

NOTES _
Time passes without any resolution of the sunken *SEWOL*. Nothing progresses, even though the documentary film about *SEWOL*, "Diving Bell", has been released, nothing has changed. Nobody seems to care that even hundreds of people died.

영춘화 ⓒ 이강숙

일천칠십삼(1,073)일

누더기 두른 몸체 토해내는 괴물

2017년 봄 날
영춘화 담벼락에 피어도
해맑은 웃음은 돌아오지 않았다

극간의 상처 1073일 가두고
숨통을 끊어 놓은 채 …

세월호 7시간 아무 말 없고
빈 속인줄 알면서
쉬지 못하는 자맥질
이 땅 어미들 숨통마저 끊는구나

시작노트 _
세월호 3주기. 세월호가 바다 속으로 침몰한 2014년 4월 16일로부터 1073일이 지난 2016년 3월 23일 비로소 바다 위로 인양되었다. 아파도 아파하지 못하는 가족들과 함께하며 잊지 않으리라.

1,073 Days

A spring day in 2017,

Even though the forsythia blooms,

Their bright smiles never return.

Trapping 1,073 days-worth of hurt,

Bringing so many lives to an end.

For seven hours, *SEWOL* said nothing.

Though knowing it was empty,

Divers never stopped their search,

Bringing their mothers' lives to an end.

NOTES _
This was the third anniversary of the *SEWOL* Ferry Disaster. The ferry was finally exhumed on March 23, 2016. It had been 1,073 days after the disaster on April 16, 2014. My heart is with the families who can' t be sick even though they are sick. I won' t forget.

FINALE

나미비아의 붉은 사막 @ 이재복

때에 이르러

아름다운 다리를 건너다
이 땅에 청초한 꽃들과 나무
화려한 뱀마저 황홀한 세상에 서다

열매 맺는 시간
늦은 수확이어도 아름다운 다리를
건널 수 있어 복되다

어느 날
은혜의 강을 건너면
마중했던 사람들이 기다리고 있을까
그랬으면 좋으리

Reaching Time

Crossing o' er the beautiful bridge,

Tidy trees and flowers walk across the land.

Along the way, a rainbow snake stands upright on the earth enchanted.

Time for the ripening to come!

Even though it' s late for harvest, I amble 'cross that bridge -

So blessed.

One day,

When crossing o' er the river Grace,

Will the people who I' ve seen off wait there ?

I wish they would.

APPENDIX

시간은 참으로 신기한 존재이다

지준경

1. 〈가짜 잠〉을 읽고

중간고사가 있기 일 주일 전. '가짜 잠'을 주무시는 아버지 옆에서 공부를 했었다. 시험을 보러 서울로 다시 올라가려고 한 날, 문득 아버지와 사진을 찍어야겠다는 생각이 들었다. 나는 아버지께 "아빠 사진 한 장 같이 찍어도 돼요?" 하고 여쭤보았다. 아버지께서는 "그럼 되지, 왜 안돼?"라고 대답하셨다.

그날 아버지는 호스피스 병동으로 올라가셨다. 담당 의사는 1주일이 고비라고 말했고, 나는 중간고사가 끝난 후 마음의 준비를 해야겠다는 생각을 조심스럽게 했었다. 호스피스 병동으로 옮긴 아버지를 보며 버스를 타러 가기 전 작별 인사를 했다. 하지만 아버지께서는 '가짜 잠'에 깊게 빠지셔서 아무런 대답도 하지 못한 채 잠만 주무시고 계셨다. 나는 아쉬운 마음만 남긴 채 고개를 돌려야했다. 그리고 그 날이 아버지를 만난 마지막 날이었다.

'가짜 잠'이라는 시를 적을 때의 화자의 심정을 떠올려본다. 비몽사몽 가짜 잠에 빠져있는 아버지 옆에서 대책 없이 새 하얀 종이 위에 한 획, 한 획을 그어 나가기에 얼마나 무거웠을지, 마침표 하나를 찍기에 얼마나 많은 마음들이 쏟아냈을지.

2. 〈장맛비〉를 읽고

나의 아버지 그리고 어머니. 그들의 결혼 생활은 참으로 한 편의 우여곡절 많은 멜로 영화를 보는 것만 같다. 나의 아버지는 한없이 철부지 같은 소년이었다. 마음씨가 여리고 부드러웠기에 살아남기 위해서 힘과 행동을 앞세워야만 했다. 나의 어머니는 속이 깊은 소녀였다. 그래서 속은 옹골차되, 겉은 부드러우신 분이었다.

이런 두 분이 만나 한 몸이 되었고, 나의 어머니인 시인은 '장맛비' 라는 글을 남기셨다.

철부지 소년은 평생 우기던 옹고집을 생의 문턱에서야 놓는다. '미안해. 미안해. 당신 말이 다 옳아' 라고.

소년이 진심을 드러내서야, 주름이 선한 소녀가 소년을 진심으로 끌어안는다.

그렇게 소녀의 사랑 비는 끝없이 내린다.

3. 〈맨 발이 준 선물〉을 읽고

시간이란 참으로 신기한 존재이다. 지금 이 순간이 생생히 살아있음에도, 눈을 감았다 뜨면 그 시간은 머릿속 화석으로 남아 있다. 그리고 문득 '발바닥에 닿은 감촉이 긴 시간의 무게' 로 밀려올 때면, 그 화석은 되살아나 시간을 거슬러 부활한다.

"무엇이 되어 다시 만날까
　다시 가고픈 그 바닷가

달빛도 참 좋았지.

그래. 그랬지."

시인은 순간에서 영원을 찾는다.

"우리에게 우리 날 계수함을 가르치사 지혜의 마음을 얻게 하소서. 여호와여 돌아오소서 언제까지이니까 주의 종들을 긍휼이 여기소서"(시편 90:12-13).

The Time is Truly an Interesting Entity

Joonkyung David Chi

1. Comment on ⟨Fake Sleep⟩

A week before the mid-term. I studied with father who was in the fake sleep. When the day came to go back for the test, I thought to take a picture with father before leaving. Then, I asked him "Can I take a picture with you ?" He answered to me with a feeble voice. "··· of course, why not ?"

In the same day, he moved into a hospice. The doctor of my father said that he has a week only. I carefully believed that I need to set my mind after taking the exam. Before leaving the hospice, I said good-bye to him. However, my father deeply fell in the 'fake sleep', and I had to turn my back without his answering. The day became the last day that I met him.

I imagine the heart of the author when she wrote this poem 'Fake sleep'. How it was weighty to make a stroke and another stroke on a clear note having no any worries. How much she poured her heart into putting a period next to the father who was half dreaming in the 'fake sleep'.

2. Comment on ⟨The Rainy Season⟩

My father and mother. Their marriage life truly seems like watching a romantic movie having many twists and turns. My father was a mere boy. He had to put up his power and action first to survive in this cold world due to a kind and tender disposition he has. On the other hand, my mother was a precocious girl. She was gentle in appearance but sturdy in spirit.

These two met and became one, and the girl left a poem named 'The Rainy Season'.

The boy at the threshold of life gave up his stubbornness to which he had insisted for a lifetime. Saying "Sorry. I'm sorry … you were right."

Not until he tells his heart, the girl with deep wrinkles embraces the boy heartily.

So, the love's rain of the girl has been falling endlessly.

3. Comment on ⟨The Gift That Bare Feet Gave⟩

The time is truly an interesting entity. Although this very flowing moment is alive, this moment would be a fossil in my mind after blinking eyes. Accidentally, when "the weight of a long time comes", the fossil will be reanimated against the flow of time.

"When we meet … what will we've become ?
  I want to walk that beach again.
  The moonlight was good there …
  Yes, it was."

Yes. Now, the author finds eternality in a minute.

"So teach us to number our days,

That we may gain a heart of wisdom.

Return, O Lord!

How long

And have compassion on Your servants." (Psalms 90:12-13)

어머니의 생신을 위한 첫 번째 요리

지준혁

　전라남도 순천에서 태어나 고등학교까지 줄곧 순천에서 지내다 재수를 하기 위해서 서울로 올라온 후, 서경대 전자공학과에 입학을 하고 3학년 2학기 ROTC를 하던 중 요리의 꿈을 품고 일본으로 요리 유학을 떠난 뒤 어머니께 처음으로 만들어 드린 뜻깊은 생일 코스 요리.

〈요리설명〉

1. REMAKE PROSCIUTTO & MELON

프로슈토(메론, 하몽)를 재해석해서 만든 요리. 맨 밑에는 아보카도 크림 퓨레를 깔았고 그 위에는 메론과 하몽 그리고 마지막으로 좀 더 풍성한 산미를 위해 토마토 쥬스와 산뜻한 바질 잎을 올렸다.

2. SCALLOP STEAK (WITH ZABAIONE SAUCE)

이탈리아 디저트인 제바이오네 소스를 재해석해서 단맛은 줄이고 포트 와인의 풍미와 계란 노른자의 고소함을 살린 요리. 관자는 크리스피하게 시어링했고 간은 캐비어로 균형을 맞추었다. 자칫 비린 맛이 날 것 같아 키노메를 마무리로 올렸다.

3. BROWN CHAMPIGNON RISOTTO

파르마쟈노 레쟈노 치즈를 기본으로 한 리조또에 생으로 올린 브라운 샴피뇽과 열을 준 브라운 샴피뇽의 두 가지 식감과 맛을 느낄 수 있는 요리.

4. SQUID INK HAND-MADE PASTA (WITH OYSTER)

이탈리아 밀가루인 세몰리나 듀럼밀을 직접 반죽해서 생 파스타 반죽을 만들고 거기에 오징어 먹물을 첨가해서 좀 더 깊은 바다향을 느낄 수 있는 오징어 먹물 생 파스타. 좀 더 깊은 해산물의 맛과 향을 위하여 굴을 소테하였고, 굴을 소테하고 남은 프라이팬 열에 가볍게 시금치에 열을 주어 함께 곁들였다.

5. DUCK BREAST STEAK

오리 껍질에 칼집을 넣어 껍질을 크리스피하게 구우면서 오리 기름도 같이 빼주었고 퓨레는 당근 퓨레, 가니쉬로는 미니 양배추 레디쉬 그리고 고소함과 식감을 위해 견과류를 위에 가볍게 뿌렸다.

작품 목록

♥귀한 작품으로 함께한 벗들에게 감사를 드립니다.

장미 @ 이강숙 ... 3

산속 야생화 _ 프리저브드 플라워, 2017 @ 최삼랑 ... 7

흐름 @ 조내화 ... 10

나무지붕 @ 이강숙 ... 13

징검다리 @ 전장원 ... 34

멈춤 @ 이광호 ... 40

여름 @ 장대선 ... 42

바람이 멈춘 자리 @ 박동근 ... 44

가족 _ Family, 2017 @ 정주영 ... 46

관계 @ 홍인호 ... 48

시간의 흔적 @ 이강숙 ... 52

빛과 그림자 @ John Ahn ... 56

세월 @ 문정식 ... 59

열정 _ 구필화 @ 김준호 ... 62

기억 @ 이연옥 ... 65

겨울풍경 _ winter scenery, 2012 @ 송성주 ... 68

모성애 _ 민화 @ 양금자 ... 71

꿈 @ 박남일 ... 74

어머니의 손 @ 이강숙 ... 76

한강 _ 펜드로잉 @ 김지영 ... 79

봄 여름 가을 겨울 _ 프리저브드 플라워 @ 최삼랑 ... 82

길 @ 유휘경 ... 88

삿뽀로의 겨울 @ 전성아 ... 91

비오는 날 @ 배현주 ... 94

우연 @ 서좌원 ... 97

양밍산 _ 대만 @ 이민재 ... 100

십자가(아버지 사랑) _ 연리문 공법, 2015 @ 이운재 ... 103

기다림 @ 최인자 ... 106

고마움 @ 신춘지 ... 109

한가족 @ 이제구 ... 112

천연아로마소이캔들 _ 향초공예 @ 배장은 ... 115

빗물 @ 박선미 ... 118

그림자 @ 이강숙 ... 122

솔섬이 보이는 순천만 _ 캔버스에 아크릴 @ 안철수 ... 126

등대 @ 노승수 ... 129

순천만 갈대밭 @ 안철수 ... 132

그리움 @ 박선미 ... 136

프로포즈 _ 도자기공예 @ 박광임 ... 139

대대포구의 가을(8P-2009년작) _ 캔버스에 아크릴 @ 안철수 ... 142

휴식 @ 이연옥 ... 145

나미비아의 붉은 사막 _ 야경 @ 박진호 ... 148

강릉 앞바다 @ 이강숙 ... 152

소망 @ 이강숙 ... 155

엽서 @ 린 ... 158

린 Linh Pham @ 지준혁 ... 161

사랑 @ 김인숙 ... 164

환희 @ 김우영 ... 167

삶이 있는 풍경 @ 윤성헌 ... 170

목련 _ 보테니컬 아트 @ 나에스더 ... 172

항아리 @ 김우영 ... 175

키치너의 아침 _ 캐나다 @ 유선임(Sunny) ... 178

선암사 계곡(8F-2012년작) _ 캔버스에 아크릴 @ 안철수 ... 181

수원성 @ 김준호 ... 184

힘 @ 최재호 ... 187

산국 @ 이연옥 ... 190

우드스탁의 가을 _ 캐나다 @ 지준경 ... 193

빛 _ Light, 2013 @ 송성주 ... 196

오동도의 파도(10F-2009년작) _ 캔버스에 아크릴 @ 안철수 ... 199

사하라의 사막과 낙타 @ 황희상 ... 202

등 @ 최영철 ... 208

빛과 나무 @ 정 설 ... 211

열정 @ 이제구 ... 214

영춘화 @ 이강숙 ... 217

나미비아의 붉은 사막 @ 이재복 ... 222